21世紀南山の経済学①

就職・失業・男女差別

いま、何が起こっているか

JN314764

岸　智子

日本経済評論社

目次

はじめに

私たちの社会は、多くの人々が働かなくては、維持できないし、また発展しないのである。ところが、現在の社会では、働くことをめぐるいろいろな問題が起こっている。就職できない人が増えている問題、フリーターなど、不安定な働き方しかできない人が多くなっている問題、女性が仕事と家庭をなかなか両立させられない問題などである。

働くことに関する、厳しい現状について話を聞き、将来、社会に出ていくことに不安を感じたり、または社会に対する怒りを感じたりしている人も多いであろう。

しかし、単に不安や怒りを感じるだけでは、労働の問題は解決しない。働くことをめぐる、社会の現状をきちんと理解し、ひとつ一つの問題がなぜ起こっているのかを、論理的に考えることが重要である。それによって、厳しい環境のなかでも、それなりに良い生き方ができるようになる。また、一人ひとりの合理的な考え方が、社会を良いほうに動かしていくもとになるのである。

こうした、今、社会に起こっている最も根本的な問題である、就職・失業・男女差別を、どのように見て、どのように考えていくか。つまり、「働くこと」を解き明かす基礎になる学問が労働経済学である。

それは、人々が生産活動を行い、その成果を分かち合うしくみを分析する学問である経済学の一分野なのである。

労働経済学を学ぶために、今の社会から見始めていこう。Ⅰでまず、今、何が起こっているのかを取り上げて、Ⅱでは、働くことの現状を統計数字で見る。Ⅲでは、失業がなぜ起こるか、Ⅳでは、非正社員の問題、Ⅴでは、女性が働くことでの問題を考えてみよう。そして最後のⅥは、労働経済学とは何かを考え、労働経済学の理論を理解しよう。

Ⅰ　いま、何が起こっているか

1　なぜ就職が難しいのか?

変わった職業への見方

現在の日本には、大学を卒業しても就職できない人が多くなっている。それはなぜだろう。

学生の目的が多様化し、就業意識が低下しているという指摘もある。たしかに、現代の日本では、何のために働くか、わかりにくくなっている。日中戦争から太平洋戦争の終結までの時代、日本では、「御国のため」に命がけで働くのが当たり前であった。戦後の復興期には、日本を再生させ、国際社会に認めてもらうために、国民は全力をあげて労働をしなければならなかった。また、一九六〇年代の高度成長期には、少しでも良い生活をするため、そして先進国に追いつくために、多くの人々が頑張って働いた。ところが、今の日本社会には、これまでと違って必死に労働をしなればならないという切迫感がなくなっている。

しかし、就業意識の変化だけで、現在の就職難を説明することはできない。というのは、一九八〇年代の末に大学を出た人たちは、就職で苦労しなかったのである。すでに高度成長期が終わり、それとともに、経済成長のために働こうという意識があまりなくなっていた。

何のために人を雇うか

就職状況がよいか悪いかは、働く人たちの意識だけで決まることではない。ある人が特定の企業で働くことになるかどうかは、最終的には企業の判断に依存する。個人の、仕事をしたいという意志と、企業側の、人を雇う計画とがうまく合致したときに、就職ができるのである。

では、企業は何にもとづいて、人を雇う計画を立てるのであろうか。

企業は、利潤を追求することを目的としている。そして、利潤が最大になるような、雇用者数を決める。人を雇うと、その人の働きで生産や売上額は増えるが、他方、賃金や給与を支払う必要があるので、支出も多くなる。企業は、生産や売り上げから支出を引いた残りである、利潤をできるだけ多くしようと考えていて、「これ以上人を雇うと損になる」

ことがわかれば、企業は新しく人を雇わなくなる。企業は社会福祉を目的とはしているわけではない。そのため、「若い人が、就職できなかったらかわいそうだから、雇ってあげよう」とは考えないのである。

2　どうして失業が起きるのだろう？

失業問題の背景

失業とは、先進国にとっても古くからある問題であるとはいえない。産業革命以前の社会では、国民の多くは農業に従事していて、土地から離れない限り、失業しなかった。失業とは、産業革命以降の社会に出てきた問題なのである。

一八世紀、一九世紀には、失業というのは、本人の怠慢の結果であると考えられていた。しかし、二〇世紀になって、世界大恐慌が起こってから、失業は経済全体のバランスが崩れておきることがわかってきた。社会全体でみて、人を雇う企業が多ければ、働く人が多くなり、失業は減るが、社会全体で人を雇う企業が少なければ、仕事に就けない人、すなわち失業者が多く出る。

世界大恐慌
一九二九年、アメリカのニューヨーク証券取引所で株価が急激に下がったことにより、経済が混乱し、世界の多くの国々で生産活動が縮小し、多くの失業者が出た。

フリーター問題

フリーターという言葉は、たいていの人が知っていると思う。アルバイトを転々とし、停職に就かない人たち――彼らは、一日いっぱい仕事をするのがいやで、フリーターになっていると考えられた。しかし、調査・研究が進むにつれ、フリーター問題の原因は単純ではない、ということがわかってきた。

今の企業は昔と違って、正社員ではない人たちを多く雇っている。パートタイム労働者、アルバイト、派遣労働者などの呼び方を聞いたことのある人も多いであろう。社会全体で正社員の割合が低くなり、パートタイムやアルバイト、派遣労働者などといった非正社員の割合が高くなっているので、若い人はおのずと、非正社員になってしまいやすい。

しかし、何人中何人の人がフリーターになる、というような単純な話ではないのである。フリーターになる人には、充実した学校生活を送れなかった人や、アルバイトに長い時間を費やした人が多いこともわかってきた。また、高卒者の就職のしかたが変わったことも、フリーター問題を生み出した背景であることが明らかになってきた。

3　なぜ男女差別が続くのか？

女性と家事と育児

今の人たちは、「昔の日本女性は家庭に閉じこもって家事と育児に専念していたが、今の女性は社会に出て働こうとしている」と考えている人が多い。そして、「今の女性は一生懸命働こうとしているのに、企業が女性を差別している」「日本には、女性が結婚・出産してからも仕事を続けられるようなしくみが整っていない」という不満の声をきく。

たしかに、企業は男性と女性と同じように扱っているとはいえない。また、女性の就業と育児の両立を支えるような制度が十分に機能しているともいえない。それは、なぜだろうか。

働く女性と女性の社会進出

日本で女性の労働条件がよくないことには、歴史的背景がある。

太平洋戦争以前の日本では、多くの女性が農業に携わって働いていた。一九六〇年代までは、働く女性の割合は、アメリカよりも日本のほうが高かった。ところが、高度成長期に多くの人々が農村を離れ、都会に住むようになった。そこでは、夫が会社勤めをし、妻が専業主婦として家事や育児に専念することが一般的になり、夫の給与が高いほど、妻は家庭にいるという傾向も見られるようになった。高校・大学を出てから会社に勤め、その後、家庭にはいるという人生の歩み方も一般的になった。

高度成長期に、多くの女性が都会で、結婚・出産後も働いていれば、現代の日本企業は女性にとって、もっと働きやすいところになっていたかもしれない。しかし、現実の社会はそのようにはならなかった。かつて専業主婦が多く住んでいた都市部では、保育所の整備が進んでいない。女性が意欲的に働けるような職場づくりや育児の支援は、これからの日本企業が取り組んでいかなければならない課題である。

一度読んで、もう一度——社会を見る目を養う

大学を出てからの社会には、働くことをめぐるいろいろな問題がある、ということがわかってきたと思う。大学時代に、社会の問題を客観的に見る目を養うことが大切である。以下の節では、これらの問題について、専門家はどのように見ているかを説明しよう。

さまざまなデータを広げて見せるので、その意味を考えていこう。その次にこれらの問題について、どのような研究がなされてきたかも、理

論的な問題をはさみながら見ておこう。それが、労働経済学という学問を知る、非常に重要な鍵だからである。最初は、難しく思われるところは飛ばして読んでもよい。ただ、わからない箇所を、しっかりと見定めておくこと。あとで振り返ってみると、案外理解できると思う。

Ⅱ　データで見る日本の労働市場

1　労働力の分類

労働力人口と非労働力人口

労働経済学では、一五歳以上の人々を労働力人口と非労働力人口とに分ける。一五歳未満の人たちは、幼児か、または義務教育を受けている子どもたちであるので、労働力人口には数えない。次に労働力人口は、現に仕事をしている就業者と失業者とに分けられる。そして、労働力人口に含まれない人たちの数を非労働力人口という。

就業者は、⑴自営業主（自分で事業を経営している人）、⑵家族従業者（自営業主の家族として仕事を手伝っている人）、⑶雇用者（会社、役所などに雇われて働いている人）に分けられる。

注意しなければならないのは「雇用者」という用語である。雇用者とは、雇い主のことではなく、雇われている人のことである。なぜ雇われている人を雇用者と呼ぶのか、納得できない人もいるかもしれないが、この呼称は第二次世界大戦直後、それまでの「使用人」という言葉の代わりに使われるようになり、労働統計の用語として定着している。

失業者とは

それでは、失業者とはどのような人たちをさすのか。ＩＬＯ（国際労働機関）が定めた定義によると、ある人が失業しているといえるためには、次の三つの条件を満たさなければならない。(1)現在、仕事をしていない。(2)仕事を探している。(3)すぐ仕事に就ける状態である。

(3)は、「明日からここで働いてください」といわれれば、すぐに仕事を始められる状態である、という意味である。「仕事をしたくて求人広告を毎日見ているが、今は子どもが小さいので、たった今仕事がある、と言われても困る」という人は失業者ではなく、非労働力人口に含まれる。

総務省統計局
「国政調査」など国の基本的な統計調査を担当する総務省の一部局。

2 労働力についての調査

「労働力調査」と「就業構造基本調査」

では、労働力人口、非労働力人口および失業者が日本に何人いるかを、誰がどのようにして数えているのであろうか。

それらは、総務省統計局の「労働力調査」によって数えられる。この調査は、アンケート調査の形式をとり、調査票には、「月末一週間に少しでも仕事をしたかどうかについて、記入してください」という項目があり、その回答によって分類される。

「おもに仕事」「通学のかたわらに仕事」「家事などのかたわらに仕事」を選んだ人が就業者になる。「仕事をしなかった人」のうちで、「仕事を探していた」と回答した人が失業者ということになり、「通学」「家事」「その他（高齢者など）」と答えた人たちが非労働力人口に数えられる。

この調査では、学生や主婦などは、調査が行われた月の最後の週にアルバイトかパートで働いていれば就業者に含まれ、働いていなければ非労働力人口に含まれる。労働力調査は、人々の普段の就業状態もしくは本業ではなく、調査時点での就業状態に関する調査である。

表1　2010年6月の労働力状態

	男女計（万人）	男性（万人）	女性（万人）
労働力人口（L）	6,624	3,847	2,777
就業者（W）	6,280	3,635	2,645
失業者（U）	344	213	132
非労働力人口（N）	4,422	1,486	2,936
15歳以上人口（$L+N$）	11,050	5,337	5,715
	男女計（%）	男性（%）	女性（%）
労働力率 $\frac{L}{L+N}\times 100$（%）	59.93	72.08	48.59
失業率 $\frac{U}{L}\times 100$（%）	5.19	5.54	4.75

出所：総務省統計局「労働力調査（基本集計）」2010（平成22）年6月速報分。

人々の普段の、労働日数や労働の規則性、離職・転職など就業状態の変化は、五年ごとに行われる総務省統計局の「就業構造基本調査」で知ることができる。

3　労働力率と失業率

労働力率と失業率の算出

総務省統計局の「労働力調査」によると、二〇一〇年六月での日本の労働力人口は六六二四万人で、そのうち六二八〇万人が就業者、三四四万人が失業者であった。また、非労働力人口は四四二二万人であった。これらを整理すると、表1のようになる。

まず、これらの数値から労働力率（労働力人口比率）を求めよう。労働力率は、一五歳以上人口（労働力人口と非労働力人口との合計）に対して労働力人口が占める割合で、男女計では五九・九％となる[1]。

次に、失業率は、労働力人口に対して失業者が占める割合である。労働力人口は、就業者数と失業者数との和である。失業者数三四四（万人）を労働力人口六六二四（万人）で割ると、五・二％となる。

労働力率と失業率は、男女別、年齢階層別に調べることもできる。たとえば、「一五～二四歳の女性の労働力率」や「六五歳以上の男性の失業率」などが算出可能である。

雇用と失業に関する数値データが新聞記事やテレビのニュースに出ることがあるが、それらは労働力調査の速報値にもとづいている。

（1）　労働力調査の速報値を見ると、労働力率と失業率は、ここでの値と少し異なっているが、それは、季節調整や小数点以下の四捨五入などのためである。

図1　失業の発生

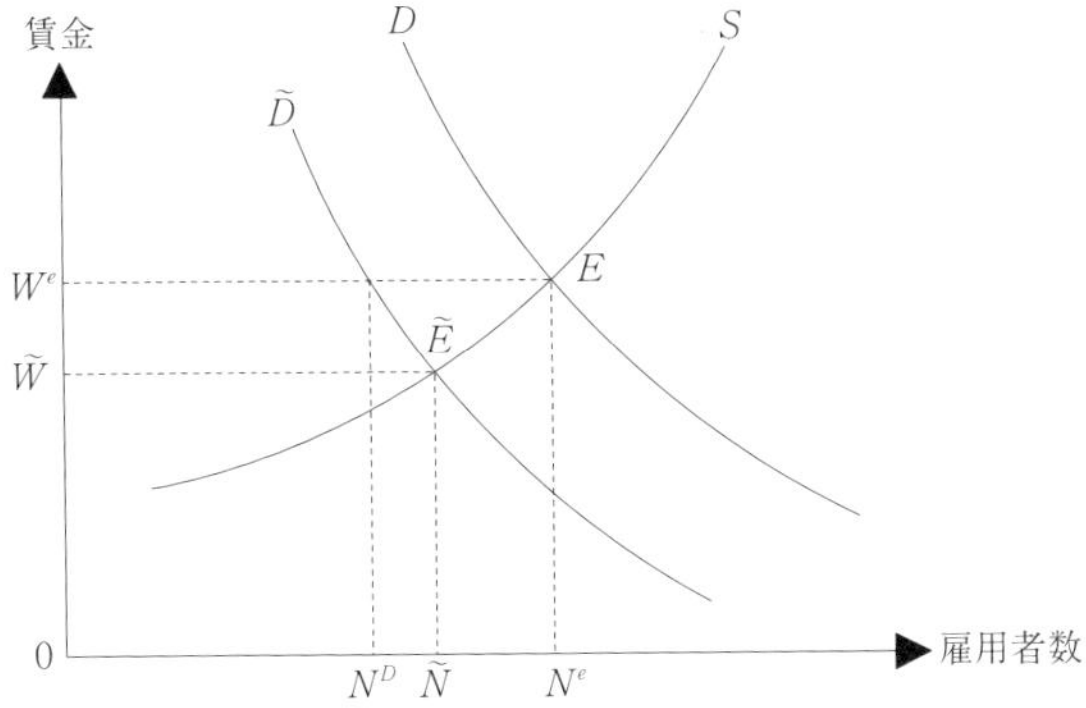

Ⅲ　失　業

1　失業の基本的なメカニズム

失業はなぜ起こるのか

失業というのは、労働市場で需要と供給との均衡が成り立っていない状態である。失業は、労働需要曲線と労働供給曲線とを使って、次のように説明することができる。

図1では、労働需要曲線Dと労働供給曲線SとがE点で交わり、市場均衡賃金はW^e円、均衡雇用量はN^e人となる。いま、何らかの理由で企業の労働需要が減少し、$\tilde{D}$のように変わると、新しい均衡点は$\tilde{E}$となり、市場均衡賃金は$\tilde{W}$、均衡雇用量は$\tilde{N}$となるはずである。ところが、賃金がW^eのままであったと仮定する。このとき、労働供給はN^e人で、他方、労働需要はN^D人なので、（N^e-N^D）人は失業してしまう。このような

需要不足失業
労働需要の不足で起こる失業。

摩擦的失業
情報の不足や移動の難しさで起こる失業。

ことが、失業発生の基本的なメカニズムである。

いきなり、労働需要曲線とか、労働供給曲線というと、見慣れていない人には、難しいと思われるかもしれない。しかし、図1に見える、縦、横、斜めの曲線を、スライドさせてみれば、簡単に理解できよう。

2　失業の種類

需要不足失業

失業は、主として需要不足失業と摩擦的失業とに分けられる。

まず、需要不足失業というのは、労働需要が労働供給に対して相対的に少なくなるために発生する失業である。景気が悪くなって、企業が従業員を雇わなくなったり、またはそれまで人間の手作業で行っていた仕事を機械で行うようになったりすると、発生しがちである。

摩擦的失業

これに対して、摩擦的失業は、労働需要が減少していないにもかかわらず発生する失業である。これには、(1)情報の不足で起こる失業と、(2)移動の費用が原因で起こる失業とがある。

まず、(1)は、次のようなことである。たとえば、あるところにできた会社は、急成長しはじめたので、多くの人を採用しようと、募集広告を出した。その地域には職探しをしている人が多かったのだが、募集広告が目立たず、応募者を引きつけることができなかった。これでは、いかに労働需要があっても、その地域の失業はほとんど解消しない。このような失業を情報の不足で起こる摩擦的失業という。

次に、(2)の移動の費用が原因で起こる摩擦的失業。職探しをしているAさんのところへ仕事の話が舞い込んできた。仕事の内容はAさんの希望と一致するように思われた。ところが、事業所は北海道にあり、Aさんの住んでいるのは東京で、そこには年をとった親や、進学を控えた中学生の子どもがいる。このため、Aさんはやむを得ずこの就職の話を断り、再び職探しを続けることになった。このように、ここでいう費用には、金銭的な費用とそうでない費用とが含まれている。人間がいま住んでいる地域に根差した生活から離れられないことから発生することもある。

3　失業に関する理論

ケインズの理論

失業が、一国全体の有効需要の不足によって起こることを明らかにしたのは、イギリスの経済学者ケインズである。ケインズは、世界大恐慌の影響でアメリカ、イギリスや大陸ヨーロッパの国々が高い失業率に見舞われていた一九三九年に『雇用・利子および貨幣の一般理論』を著わした（塩野谷祐一訳［1995］）。

ケインズは、一国で雇用されている人の数が総需要と総供給とのバランスで決まるが、それは完全雇用（失業のない状態）をもたらすとは限らないことを明らかにした。さらに、雇用を拡大させるためには総需要を増大させなければならず、不況のときには政府が公共投資を行って総需要を拡大させ、仕事をつくる必要がある、という政策を提言した。

この理論は、アメリカでフランクリン・ローズヴェルト大統領が行った「ニューディール政策」などに強い影響を及ぼし、また、第二次世界大戦後の日本の経済政策にも反映されている。

ケインズ（John M. Keynes, 1883-1946）
イギリスの経済学者。『雇用・利子および貨幣の一般理論』を著わし、有効需要の不足による非自発的失業の存在を明らかにした。

ニューディール政策
アメリカの大統領フランクリン・ローズヴェルト（Franklin D. Roosevelt, 1882-1945）が世界恐慌を克服するために行った、一連の経済政策。政府が経済に関与するという点で、それまでの経済政策とは異なっていた。

フィリップス（Alban W. Phillips, 1914-1975）
ニュージーランド出身の経済学者。一九五八年にフィリップス曲線を発見した。

名目賃金
働く人が受け取る賃金を、物価の変動分で調整せず、そのまま示した貨幣額。

フィリップス曲線

先進国と呼ばれる国は、第二次世界大戦後も失業の発生に苦しめられた。そのため、研究者たちは失業率が上がったり下がったりするしくみを解明しようと努めた。

そのなかで最も有名なのが、「フィリップス曲線」である。これは、ニュージーランド出身のフィリップスという経済学者が、一八六七年から一九五一年のデータにもとづいて発見した法則で、名目賃金の上昇率と失業率との間に反比例の関係があるというものである。縦軸を賃金上昇率、横軸を失業率とすると、毎年の賃金上昇率と失業率の組み合わせは、右下がりの弓なりの曲線を描いている。

なぜ失業率の低いときには賃金の上昇率が高いのであろうか。この現象は、労働に対する需要と供給から説明することができる。

労働供給（働きたい人）よりも労働需要（企業の求める人数）が多く、労働に対する超過需要があるときは、失業率は低くなる。企業は優秀な人材を早く確保しようとして賃金を高くするからである。だから、失業率の低い状態と賃金の上昇とは同じ時期に観察されるのである。

反対に、労働供給が労働需要を上回っていると、仕事に就くのが難しくなり、失業者が増える。このような時期には、企業は多くの求職者の中から自分のところに適した人を選択できるので、賃金を高くして多くの人に来てもらおうとはしない。したがって、賃金の上昇率は低くなる。その結果、高い失業率と低い賃金上昇率とが同時に観察される。

フィリップス曲線論争

「フィリップス曲線」に関する研究は、その後、思わぬ論争を呼んだ。アメリカのサムエルソンとソローは、フィリップスの縦軸の変数を名目賃金上昇率から物価上昇率に置き換えることを提唱した。この縦軸を物価上昇率、横軸を失業率とする曲線を「トレードオフ（trade-off）曲線と呼んでいる。「トレードオフ」とは、「あちらを立てればこちらが立たない」という意味である。物価上昇率を抑えれば失業率が上昇し、失業率を下げれば物価が上昇してしまうという問題を、この曲線は表している。これは政策担当者にとっては深刻な問題で、論争を呼んだ。

現在では、物価上昇率と失業率との関係について、かつてのような論争は行われなくなっているが、フィリップス曲線やトレードオフ曲線が過去のものとなったというわけではない。

賃金上昇率と失業率との間には、おおまかに見ると反比例の関係がある。一九七一～二〇〇九年の日本での、賃金の対前年上昇率と失業率と

サムエルソン（Paul A. Samuelson, 1915-2009）
アメリカの経済学者。新古典派総合と呼ばれる理論の枠組みをつくった。一九七〇年にノーベル経済学賞を受賞した。

ソロー（Robert M. Solow, 1924-）
アメリカの経済学者。経済成長が技術進歩によることを明らかにした。一九七九年にノーベル経済学賞を受賞した。

国勢調査
人口や世帯、就業状況などに関する国の調査で、国民全員を対象としている。日本では、一九二〇年に第一回国勢調査が行われた。国の最も重要かつ基本的な統計調査として、総務大臣が一〇年ごとに行っている。

図２　賃金の対前年上昇率と失業率（1971～2009年）

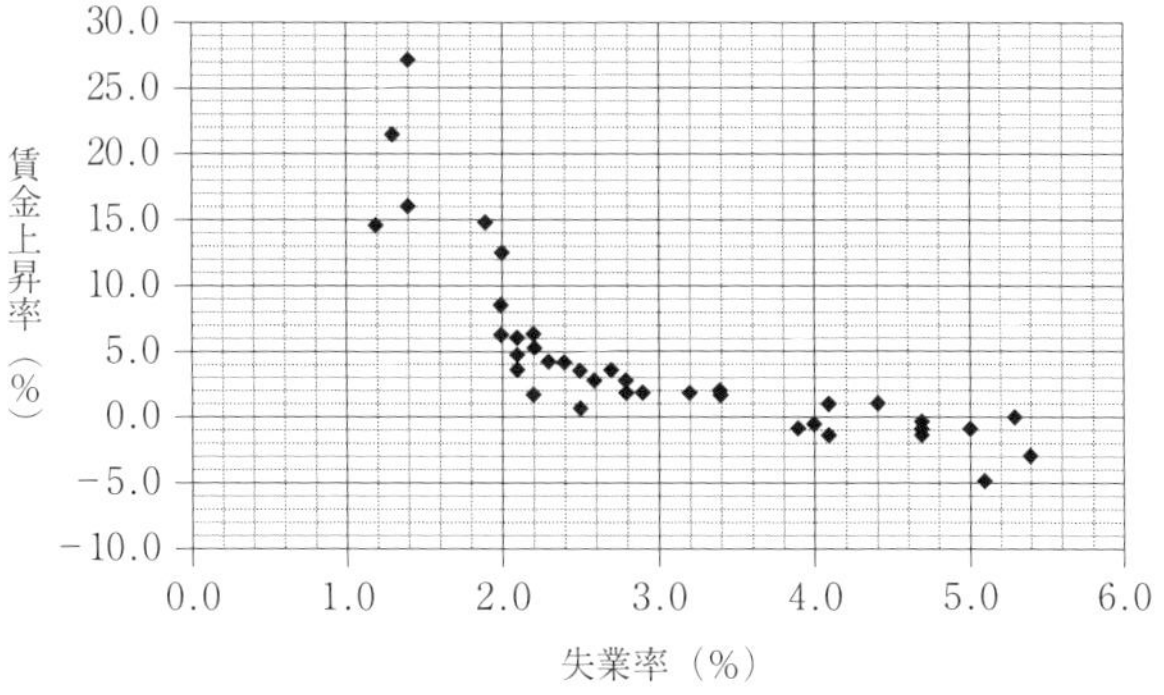

出所：厚生労働省『毎月勤労統計調査』、総務省統計局『労働力調査年報（Ⅰ基本集計）平成21年』。

の関係を表した図2では、両者の関係がゆるやかな右下がりの曲線になっていることがわかる。

4　歴史的に見た日本の失業率

第二次世界大戦前の失業率

日本で失業者数が定期的に調査されるようになったのは、第二次世界大戦後である。それ以前には、失業者という概念が定着していなかったので、失業者数を数える試みはあまり頻繁に行われなかった。戦前の日本には、都市で仕事がなくなっても農村に帰れば生活できる人や、他人の家に住み込んで家事を手伝い、給与はほとんどもらえないが、食べさせてもらっている「家事使用人」や、不定期に仕事をする「出稼ぎ人」「漂泊労働者」などとよばれる人々がいた。そのため、就業者と失業者をきちんと分けて数えることが難しかったのである。

一九二〇（大正九）年の国勢調査では、「有業者数」と「無業者数」が数えられているが、この区分は今日の就業者と失業者の分け方とは違っており、「無業者」は今日の失業者と非労働力人口とを含んでいると考えられる。一九三〇（昭和五）年の国勢調査で「失業者」という用語が使われ、細かい職業別にその数が記載された。しかし、このときの「失業者」には「仕事を失った者」という大ざっぱな定義しかなかった。

失業率の変化

一九四六（昭和二一）年から「労働力調査」が毎年行われるようになり、現在と同じ定義にもとづく失業率が公表されるようになった。

一九六〇年代の日本の失業率は一％を少し超える程度であった。一九六〇年代は高度成長期であり、新しい企業が次々に設立され、多くの人たちが新規に雇われた。四〇歳代の女性の失業率も一％に満たなかった。これにはいくつかの理由がある。都市部の女性には結婚すると退職し、専業主婦になる人が多く見られた。職探しをしていない専業主婦は非労働力人口に数えられ、失業統計には表れない。また、農村には、夫が出稼ぎに行っている間、農業に従事している女性が多かった。この人たちは就業者に含まれていた。

一九七三年に第一次石油危機が起こり、その影響で日本の失業率は一九七三年に一・三％、七四年に一・四％、七五年に一・九％と上昇した。それは、国際的にみると高くはなかった。アメリカでは、一九七三年に四・九％であった失業率が七四年には五・四％、七五年に八・五％と急上昇していた（米国労働統計局（Bureau of Labor Statistics）の統計表）。

アメリカで、このように失業率が高くなったのに、日本の失業率が相対的に低かったのはなぜであろうか。一つには、この時代の日本企業には、一度雇った従業員を定年まで雇い続ける慣行（終身雇用制と表現されたこともある）が定着していたからである。二つ目には、第二次世界大戦後、二〇年以上にわたって経済成長が続き、景気がいったん悪くなってもすぐに回復することが多かったので、石油ショックが起きてもしばらく様子をみようとする企業が多かったことがあげられる。

ところが、一九九〇年代にはいると、日本の失業率は二％を超えるようになった。とくに円高で不況に陥った一九八六年および一九八七年には二・八％になった。それでも日本の失業率は、同じ時期のアメリカ（六〜七％）、イギリス（一〇〜一二％）、フランス（九〜一九％）などと比べ、低い水準にとどまっていた(2)。

失業率の急上昇

日本の失業率が急上昇し、失業が重大な問題と認識されるようになったのは、一九九〇年代の不況期からである。失業率は、一九九五年に三％を超え、一九九八年に四％を超え、二〇〇一年に五％となり、二〇

図3　日本の失業率および総数（1968-2009年、15〜19歳、20〜24歳）

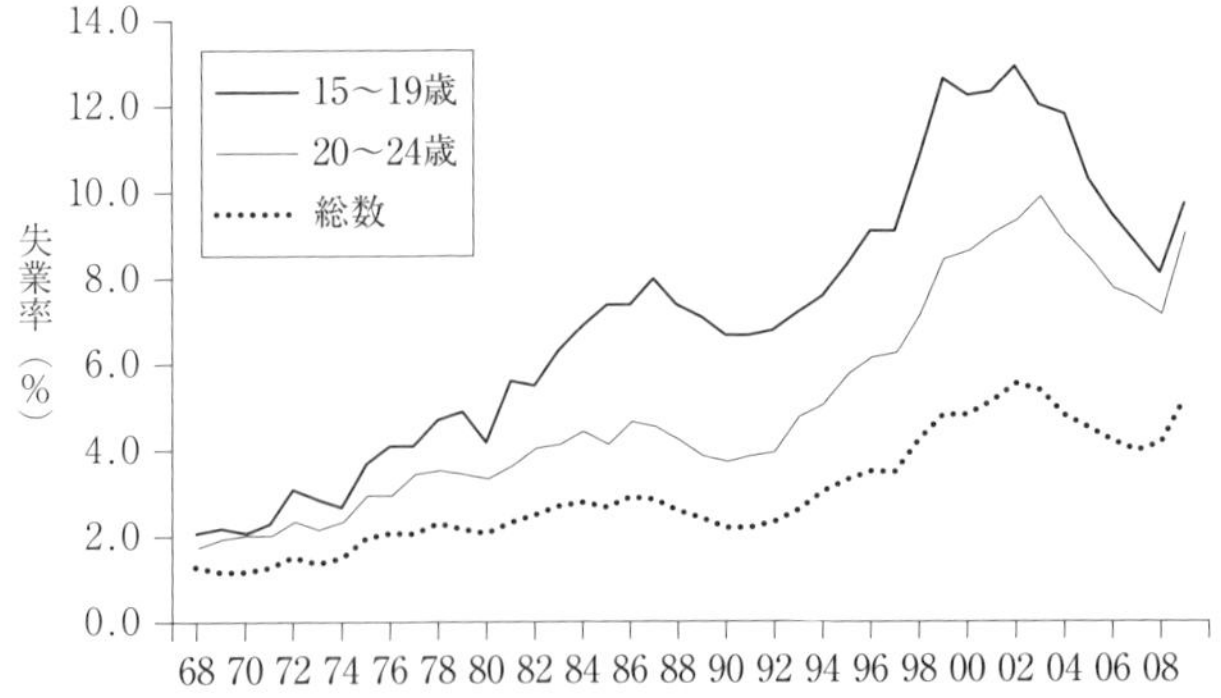

出所：総務省統計局「労働力調査」長期時系列データ。

リストラ
英語の restructuring をもとにしたカタカナ英語で、企業で利益のあがらない部署を廃止したり縮小したりし、それとともに従業員を解雇する意味で使われる。

〇二年には戦後最も高い水準である五・四％になった。

とくに失業率が高くなったのは若年層であった。図3のように、一五〜二四歳の年齢層の失業率は顕著に高く、二〇〇三年には一〇％を超えた。二〇〇三年以降はあらゆる年齢層で失業率が低下し、年齢合計の失業率は、二〇〇四年から二〇〇六年にかけて四％台となり、二〇〇七年には三・九％になった。しかし、失業率は二〇〇八年からふたたび上昇し、二〇〇九年には五％を超えている。

リストラと非正社員[3]

一九九〇年代以降、日本の失業率が上昇したのは、多くの理由による。まず、一九九一年から約一〇年間にわたって景気の悪い年が続いた。企業は経営が苦しくなり、従業員の数を減らそうと努めた。中には長年にわたって働いた従業員を解雇する企業もあり、「中高年リストラ」が問題になった。また、従業員の数を増やすことができないので、高校や大学を卒業した人の採用数を減らしたり中止したりする企業もあった。このため、解雇されて職探しをする人や、高校や大学を出たが就職が決まらず、卒業後も職探しを続ける人たちが出てきた。

企業や事業所には、パート、アルバイト、派遣社員、非常勤職員など、いろいろな名称で呼ばれる非正社員が増えた。非正社員は正社員・正規従業員よりも失業率が高い。なぜなら、企業にとって、正社員の雇用を打ち切ることは難しいが、非正社員の雇用を打ち切ることは比較的簡単だからである。一九九〇年代には、雇用を打ち切られる非正社員が増えたので、失業者数が多くなった。

若い人たちの就職のしかたも変化した。とくに、高校を出て社会人になる人たちの就職のありかたが大きく変わった。さらに、いったん企業に就職したが、いろいろな理由でやめてしまう人も増えた。

二〇〇五年から日本の失業率はやや低下したが、二〇〇七年から再び上昇している。これは、二〇〇七年の半ばごろから日本の経済成長が鈍化しはじめたためである。また、アメリカの金融市場の問題に端を発した世界的な景気後退の影響を受けたことにより、労働需要が大きく低下したためでもある。二〇一〇年六月現在の失業率は五・二％である。

5 雇用対策

失業を減らすための政策

こうした失業者に対して、私たちはどうすればよいのであろうか。先進国と呼ばれる国の政府はそれぞれ、失業者を減らすための政策、すなわち雇用政策を実施している。雇用政策にはいろいろあるが、主なものは七種類である。

(1)公共職業紹介。公共の機関で失業者の職探しを手伝うことである。(2)教育訓練。失業している人が今までと違った仕事をこなしていけるように、仕事について教えたり、訓練を行ったりすることである。(3)若年対策、(4)障がい者対策。失業者になりやすい若年者や障がい者の就職を支援する政策。(5)失業給付。企業や失業している人の生活を守るために金銭的な支給を行うことである。(6)早期退職。日本ではあまり行われていないが、年齢の高い人に早く退職してもらって若い人を新しく雇うことである。(7)給与助成もある。

日本の雇用対策

それでは、日本はこれらの雇用政策をとってきたのであろうか。日本政府は、こうした雇用政策をあまり行ってこなかった。それは、日本で失業率の低い状態が長く続いたということもあるが、ほかの理由もある。

その一つは、職業訓練は政府ではなく、個別企業の役割であるという考え方が、社会に受け入れられていたことである。企業はそれぞれ、採用した新入社員に仕事のやり方を教え、それと同時に他社とは異なる、独特の社風や考え方を伝えてきた。企業には、「新入社員は仕事に関する生半可な知識など持たずに入社してほしい、われわれが初歩から教えるのだ」というような考え方があった。

もう一つには、職業紹介すらも、個別企業に分担されてきた。職業紹介は、国の機関である公共職業安定所（今ではハローワークと呼ばれている）の仕事であるが、大企業の中には、退職の決まった従業員を、子会社や関連会社に紹介するところもあった。

先進国の雇用対策

他方、多くの先進国では、政府が公共事業よりも人々の職探しを直接手助けするような雇用対策を熱心に行ってきた。

イギリスでは、一九六〇年代から、企業による職業訓練を国が補助する制度が始まった。若い人たちの失業率が高くなったため、ブレア政権のもとで、若者を福祉（失業手当）から就労へと移行させるための「（福祉の）ニューディール政策」が始められた。一八～二四歳で仕事を探している若者は全員、ニューディールに参加することが義務付けられた（労働政策研究・研修機構［2005］）。

ハローワーク
職業紹介や、失業者への求職者給付などを行う政府の機関。

ブレア（Anthony C. L. Blair, 1953–）
イギリスの政治家。労働党党首で、一九九七～二〇〇七年に首相を務めた。自由主義経済でもなく、社会主義経済でもない「第三の道」をめざした。

シュレーダー（Gerhard F. K. Schröder, 1944-）
ドイツの政治家。ドイツ社会民主党の党首で、一九九八〜二〇〇五年に首相を務めた。

ドイツには、「デュアル・システム（das Duale System）」という、職業学校での教育と企業内での実地訓練を並行させる移行支援制度があった。しかし、その制度になじめない人も多く、また若い人たちの失業率が期待したほど低下しないので、シュレーダー政権のもとで緊急プログラムが実施された。これは、企業で訓練を受ける機会を得られなかった若者に企業外での訓練機会を提供したり、基幹学校修了資格の取得を支援したり、訓練を行う企業には補助金を出したりする政策である（同［2004 A］）。

日本でも、二〇〇四年ごろから若い人たちを対象にした雇用対策が行われており、その内容は厚生労働省のホームページなどでも紹介されている。しかし、これらの政策の内容は、まだあまり多くの人々に知られていない。また、日本では、国の支出全体に対し、職業紹介や職業訓練に使われる費用の割合がまだまだ低いのが現状である。

（2）イギリスおよびフランスの一九八〇年代の失業率は、ＯＥＣＤの失業統計（http://stats.oecd.org/index.aspx?queryid=251）などに出ている。

（3）正社員ではない雇用者をさす用語には、非正社員のほかに非正規労働者や非正規雇用者などもあるが、ここでは非正社員に統一した。

Ⅳ　非正社員

1　非正社員とは

定義されない呼称

失業と並んで先進国で問題になっているのは、労働力の非正規化、すなわち企業に正社員としてではなく、パートタイム労働者、アルバイト、契約社員、派遣社員、嘱託などの非正社員として雇用される人が増えているという現象である。

パートタイム労働者、アルバイト、契約社員、派遣社員について、明確な定義はない。総務省統計局「就業構造基本調査」には、これらの区分は「勤め先の事業所で本人が何と呼ばれているかに基づいている」と書かれている。つまり、「パートタイム労働者」と呼ばれている人がパートタイム労働者であるというのである。ここで注意しなければならないのは、日本では「パートタイム労働者」などの呼称が単なる呼称ではなく、企業内での地位をさしていることである。正社員と非正社員とでは、仕事の範囲や企業内での昇進、給与体系などが全く違っている。

最近、非正社員に正社員と似たような仕事を任せる企業が多くなっている。しかし、だからといって非正社員の仕事全体が正社員のそれと同じではない。一番大切な仕事は正社員が担っていて、非正社員でもできる仕事を非正社員に任せている企業が多いのである。

非正社員の雇用の不安定性

非正社員の雇用の安定性が正社員とは異なるというのは、次のような理由による。

正社員は「何年何月まで」、という期間の定めを設けずに雇用され、長年にわたってその会社もしくは事業所に雇用され続けるのが原則である。企業は、正社員には仕事を丁寧に教え、企業内のいろいろな職場での仕事を経験させ、より責任の重い仕事を担う地位へと移行させていく。

企業が正社員を解雇するのは、その企業の経営状態が非常に苦しくなったときなど、何か特別な事態が起こったときに限られる。ところが、非正社員というのは、もともと短期間の雇用を前提として雇われている

所定内給与額
毎月決まって支給される給与額（税引き前）から、時間外勤務や休日出勤、深夜業務などの手当を引いた金額。

職能等級
企業の中での仕事の難しさに応じた、初級、中級、上級または一級、二級……のような等級。

のである。その中には「X月Y日まで」という雇用契約で雇われている人もいる。そのような雇用契約がなくても、「来月から来なくてもよい」と企業側から言われたときにはやめなければならない人もいる。

非正社員の給与体系も正社員・正規の従業員のそれと異なっている。正社員の所定内給与額は、「職能等級制度」[4]に従って決められている。これは、企業内の仕事に必要な能力に対応した「職能等級」を設け、正社員をそれぞれの「等級」に格付けするしくみである。このしくみのある会社では、正社員は経験を積んで、より高い「職能等級」に移行すると、給与も高くなる。他方、非正社員の賃金は、「職能等級制度」ではなく、労働需要と労働供給とのつり合いで決まっているのである。

非正社員は、賞与（ボーナス）も正社員と比べて少額であり、厚生年金保険や健康保険の加入に関しても不利である。[5]

2　非正社員増大とその背景

多くなった背景

総務省統計局「労働力調査」によると、雇用者に対して占める、非正社員の割合は一九八〇年代から上昇を続け、二〇〇九年には三三・四%

図4　雇用者に占める非正社員比率の推移（1984〜2009年）

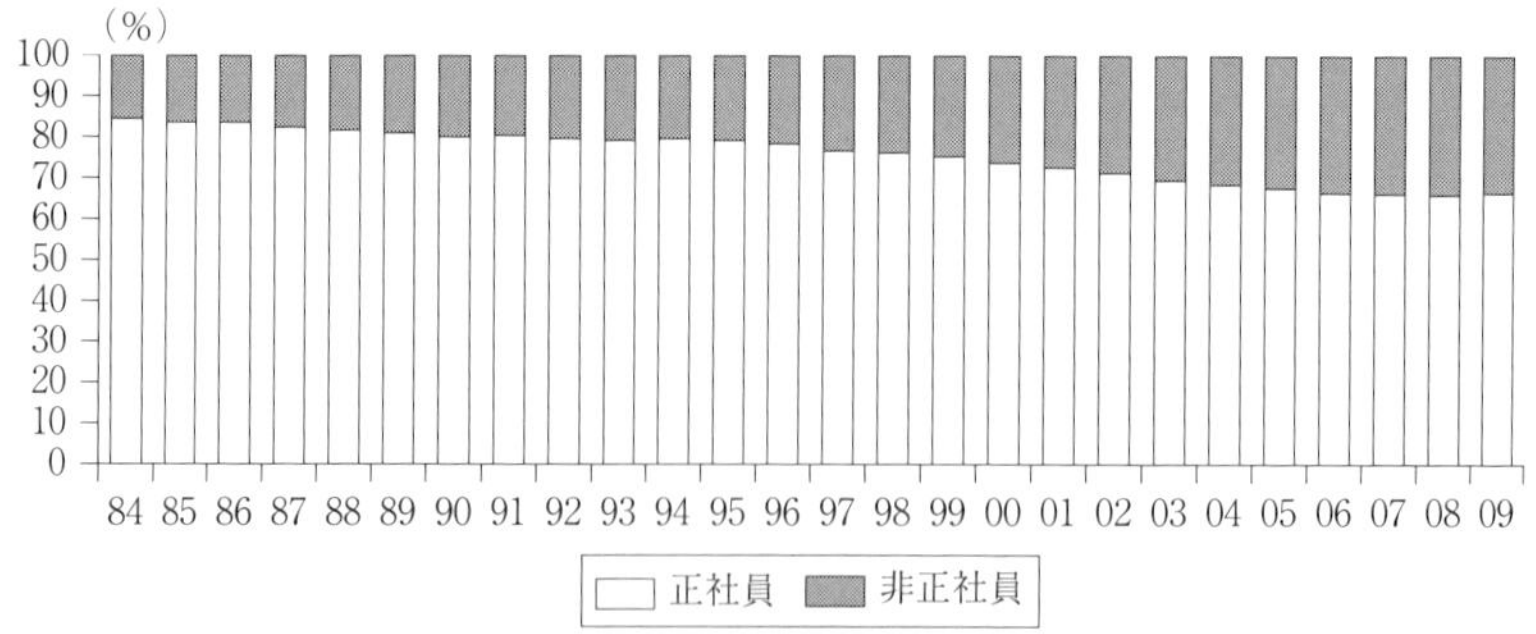

出所：総務省統計局「労働力調査」長期時系列データ。
注：1984〜2001年は総務省統計局「労働力調査特別調査」、2002年以降は総務省統計局「労働力調査（詳細集計）」による。1984〜2001年は２月時点の数値であり、2002年以降は１〜３月の数値である。

になった（図４）。

社会全体に非正社員が多くなった背景には、労働需要側と労働供給側の双方にいろいろな理由がある。

労働需要側の要求

まず、労働需要側である。

企業が、多くの非正社員を雇う最大の理由は、人件費が安いからである。日本は、正社員と非正社員との間に、非常に大きな賃金格差のある国である。非正社員の時給は、正社員の時間あたり給与の約半分であった（厚生労働省［2004］）。また、企業は正社員を雇ったときには健康保険や年金保険の保険料を負担する義務があるが、非正社員を雇ったときには、労働時間が短ければそれらを負担せずに済む場合がある。

非正社員を多くしてきた理由には、景気の先行きが不安で、人手が余るおそれがあるときには非正社員を雇うほうが、企業には好都合である。

さらに、経済全体で第三次産業の比率が高くなったということも、非正社員の増加につながっている。労働基準法では、一日の労働時間は八時間以内、一週間の労働時間は四〇時間以内と決まっているが、小売業で営業時間を一日八時間に限定することはできない。スーパーマーケッ

派遣労働者　派遣会社に雇われているが、派遣先の企業から指揮命令を受けて働いている人たちのこと。

トやショッピングセンターには一日一〇時間くらい営業しているところが多く、コンビニエンスストアなどは二四時間営業である。そのようなところでは正社員の仕事を非正社員に分担させるのが一般的である。

労働供給側の理由

非正社員が増えた労働供給側の理由には、時間的に拘束を受ける、正社員としての働き方ではなく、企業にしばられない働き方をしたい人が多くなったことがある。非正規労働は、正社員になりたくない人たちにとっては、労働と個人的な生活とを両立させための、やむをえない選択といえる（古郡［1997］）。

法律改正やさまざまな問題

労働者派遣に関する法律が変わったことが、非正規労働の拡大につながったという指摘もある。一九九九年の改正で、禁止業務以外には、労働者を派遣できるようになったことの影響は無視できない。

しかし、それだけではないようである。就業構造基本調査の一九九七年版と二〇〇二年版とを比べると、派遣労働者だけではなく、「パート」や「契約社員・嘱託社員」も増えているからである。非正社員の増加は労働需要側と労働供給側の多くの要因が絡み合った結果と考えられる。フリーター問題もその一つである。

3　フリーター問題

フリーターという言葉

フリーター問題というのは、パート・アルバイトなどの非正規労働を転々として、正規の就業ができない人たちが増えたという問題である。「フリーター」は、英語の free とドイツ語の Arbeiter（働く人）を合成した言葉で、一九八〇年代にはじめて使われた。その当時は、正社員として組織に縛られるのではなく、夢を追いかけて自由に働く人という意味をもっていた。しかし、バブル経済の崩壊後、厚生労働省がこの言葉に一定の定義を設け、その実態調査を始めた。厚生労働省による、「フリーター」の定義とは、年齢一五歳から三四歳までで、以下の条件を満たす人たちである。

(1)　現在就業している者については、勤め先での呼称が「アルバイト・パート」である雇用者

(2)　現在無業の者については、家事も通学もしておらず「アルバイ

ト・パート」の仕事を希望する者

フリーターが増えたわけ

フリーターが、なぜ増えたか。労働政策研究・研修機構は一九九〇年代末から調査・研究を行った（日本労働研究機構（1996）（1997）（2000）、労働政策研究・研修機構（2004B））。

まず、高卒フリーター問題の背景は、景気が低迷し、労働需要が減少したことにある。これは、フリーターが、失業者と雇用者の中間的存在であるという考え方である。しかし、それだけではない。高校と企業との関係が少しずつ変化しているのである。高卒者の就職は、従来、高校と企業との間の、「実績関係」に支えられていた。たとえば、A企業が特定のB高校の卒業生を毎年採用する（指定推薦校制）、B高校はある生徒をA企業に推薦したら、同じ生徒を他の企業には推薦しない（一人一社制）という関係で成り立っていた。これが、高卒者が実社会へ滞りなく出ていくための橋渡しという役割を果たしていた。ところが、一九九〇年代にはいってから、指定推薦校制、一人一社制がともにゆるめられた。こうした就職慣行の変化の中で、高校からの推薦を受けられず、どのように職探しをしたらよいのかわからない高校生が増えた。

労働政策研究・研修機構
厚生労働省が所管する独立行政法人。労働に関する総合的な調査・研究・研修事業を行っている。二〇〇三年に日本労働研究機構と労働研修所が統合して発足した。

フリーターの気持ち

さらに、労働政策研究・研修機構が長年にわたって統計分析やフリーターになった人たちに対する聞き取り調査を続けたところ、次のようなことも明らかになった（小杉［2010］）(6)。

その一つは、学校教育や家庭教育のありかたである。いまの高校には、学校生活を楽しいとは感じず、学校と距離をおいて毎日の生活を送っている生徒が少なくない。フリーターには、高校時代に出席率が低く、高校から進路指導を受ける機会が少なかった生徒や、高校の先生とも家族とも職業のことで真剣に話をしたことのなかった人も多い。

二つ目は、アルバイトという働き方が高校生に広がっていることである。そして、高校時代、学業よりもアルバイトに長時間を費やしていた人、またはアルバイトと正規の就業との違いがよくわからない人に、フリーターになる人が多い。

三つ目は、企業の人材育成のありかたが変化していることである。企業の中には新人に仕事の仕方を丁寧に、手とり足とり教えるというよりも、新人に一人前の実務能力を求めたり、短時間で仕事を覚えることを求めたりする傾向がある。そういう企業の対応のしかたは、新人に負担感を与えることもある。正社員になったが、「仕事がきつい」「仕事を覚えられない」と感じて自発的に退職し、フリーターになる。

フリーターへ向けられる眼

フリーターが一生涯、生活に困らなければ、それで良いと思う人もいるかもしれない。しかし、多くのフリーターはいつか、正社員になりたいと願っている。ところが、企業は新卒採用を重視しているし、フリーターは定着しないのではないかという疑念をもっている（労働政策研究・研修機構の調査「人口減少社会における人事戦略と職業意識に関する調査　２００４」）。このアンケート調査には、企業と働く人の双方に対して行われたが、企業の約四〇％がフリーター、ニートを「正社員としても、非正社員としても採用するつもりはない」のである。[7] このように、「フリーターであった」履歴をもつ人の労働需要が低い現状では、フリーターから正社員への転換はなかなか進まず、フリーターの平均年齢が高くなったのも不思議ではないのである。

フリーターが増えることは、所得格差や少子化の進行などさまざまな社会問題をもたらす（橘木［2006］、太田・橘木［2004］）。そのため、彼らがどうしたら正社員へ転換できるかという研究が現在、労働政策研究・研修機構などで進められている（労働政策研究・研修機構［2010］）。

（4） 職能等級制度や昇級のしくみについては、松繁［2008］、一二章にわかりやすく説明されている。

（5） 非正社員の社会保険に関する決まりについては、健康保険組合連合会『社会保障年鑑　２００９』などにくわしく書かれている。また、非正社員の雇用保険に関する制度の変遷については、駒村［2010］を参照。

（6） 厚生労働省によるフリーターの定義には、派遣労働者は含まれていない。しかし、小杉［2010］の分析対象には、派遣労働者も含まれている。

（7） この調査結果は、東京大学社会科学研究所のデータアーカイヴに寄託され、集計データはインターネットで見られるようになっている（http://ssjda.iss.u-tokyo.ac.jp/chosa-hyo/0522c_kigyou.html）。

V　女性の労働

1　歴史的に見た女性の労働

女性労働力の変化

現代の人々の中には、昔の女性は家庭に閉じこもっていた、という思い込みがまだある。しかし、それは実際の動きとは異なっている。

経済発展と女性の労働供給との間には、次のような関係がある。まず、工業化以前の農業社会では男性も女性も農耕に携わらなければならないので、女性の労働力率は高い。次に、工業化が進展し、都市部に居住する勤労者世帯が増大すると、既婚女性が専業主婦化するため労働力率は低下する。ところが、さらに工業化が進展すると、都市部の勤労者世帯の中にも働く女性が現れ、女性の労働力率は上昇する。第三次産業部門が拡大し、高学歴化が進むと女性の労働力率はさらに上昇する。

ゴールディン（Claudia Goldin, 1946–）
アメリカの経済学者。主著は *Understanding the Gender Gap*。

ゴールディンの「静かな革命」

アメリカのゴールディンは、女性の労働力率は経済発展の初期には下がり、のちに上がっていくので、グラフを描くとU字型になるという。

一八九〇年代のアメリカでは、女性の労働力率が低下し、二五～四四歳の女性では二〇％未満、既婚の白人女性では一〇％未満になった。しかし、女性の労働力率は、一九世紀の末から今日にかけて四段階を経て上昇した。第一段階は、一九世紀末から一九二〇年代で、学歴の低い、または外国出身の未婚女性が工場などで働くようになった。第二段階は、一九三〇年代から五〇年代で、オフィスでの労働需要が増加したため、学歴の高い既婚女性が働くようになった。第三段階は、一九五〇年代から一九六〇年代にかけて、パートタイム労働が拡大し、また企業がそれまで雇用しなかった既婚女性を入れるようになったこと。第四段階は、一九七〇年代から今日に至る時期で、学歴の高い女性にふさわしい仕事が増え、学歴や経験のある女性雇用者の賃金が上がったため、女性の高学歴化と社会進出がともに進んだ。この第四段階の変化をゴールディンは、「静かな革命」と呼んでいる。

日本とアメリカの落差

他方、経済発展の遅れた日本では、女性の労働供給が同時期のアメリカとは異なる変化を示した。一九二〇年の国勢調査によると、女性の有業率は五三・三％で、アメリカよりも高かった。日本の女性の多くは農業部門で家族従業者として就業していた。女性の労働力率は、一九三〇年および一九四〇年にはそれぞれ四九・〇％および五二・五％であり、第二次世界大戦後の一九五〇年でも四八・七％と、アメリカよりも高い水準にあった。一九五〇年の日本は戦後の復興期にあったが、労働力人口に対して農業人口の占める割合が高かったのである。

女性の労働力率は、一九五〇年代から六〇年代にかけて都市部の工業化が進むとともに低下し、顕著なM字型を描くが、一九六〇年には、あらゆる年齢層でアメリカの女性を上回っていた（総務省統計局［1960］）。

ところがその後、アメリカでは女性の労働力率が上昇を続け、他方、日本では一九五〇年以降、すべての年齢層で女性の労働力率が伸び悩んだため、一九七〇年代にアメリカと日本の労働力率は逆転した。

2　夫の収入と妻の収入

日本の女性労働についての研究

アメリカでは、既婚女性の労働力率が上昇した一九三〇年代に、ダグラスが女性の労働供給についての分析を行った。既婚女性が家計の収入を補うために就業していることや、既婚女性の有業率は夫の所得との間に負の相関関係をもち、夫の所得が高ければ低いことを見出した。

日本でも、低所得者の妻ほど働きに出る割合が高いという、有澤廣巳の研究があった。一九六〇年代から女性の労働に関する実証分析が行われるようになり、辻村・佐々木・中村［1959］は、妻の就業率と夫の所得とが反比例するという、「安定的関係」を「ダグラス＝有澤法則」と命名した。一九九〇年代になると、「パネルデータ」(8)といって、同じ人に毎年同じ質問を繰り返す、追跡調査のデータが作成されるようになり、同じ世帯の夫婦の収入や就業状況の変化がわかるようになったので、女性の労働に関する研究は急速に発展した。

ダグラス（Paul H. Douglas, 1892-1976）
アメリカの政治家、経済学者。主著は一九三四年刊行の *The Theory of Wages*。

有澤廣巳（1896-1988）
統計学者。経済学者。東京大学経済学部教授在任中に、政府の経済政策立案に携わった。

夫の収入と妻の収入――アメリカの場合

すでにアメリカでは、ダグラスの研究以後、徐々に既婚女性の労働力率は、必ずしも世帯主の所得と反比例しないことが明らかになっている。一九五九年から六九年にかけて、夫の平均年収が急速に伸びた。そのため、働かなくても生活できる既婚女性は増えると予想されたが、逆に働く既婚女性は増えた。続く一九七〇年代と八〇年代には夫の年収が増えなくなったので妻の有業率が高い伸びを示した。これは、理論通りの結果に見えるが、この時期に目立ったのは、夫が高所得層に属している妻の有業率が、夫が低所得層の妻と比べて著しく上昇したことである。つまり、夫の所得が低いから、妻が所得を補うために働くという時代ではなくなっていた。

また、既婚女性の労働力率が夫の所得の変化に反応してどのくらい変化するかという研究も行われ、一九七九～八一年と比べると一九九九～二〇〇一年にはその反応度が大きく低下したことがわかった。

日本での近年の変化

既婚女性の労働供給の変化は、日本にも見られるのであろうか。

最近では日本でも、女性の労働供給と配偶者の所得との関係が、労働経済学における論点の一つになっている。夫の所得と妻の有業率に関する一九九〇年代以降の研究成果をみると、以下のようなことがいえる。

まず、《夫の所得が高ければ高いほど妻が専業主婦になる確率が高くなる》、というような単純な相関関係は日本でも見られなくなっている。しかし、日本女性の場合、妻の就業はまだ夫の所得と無関係であるとはいえない。とくに、夫が失業したことを契機に働き始める妻が多く、また、夫の所得が減った世帯では、妻の労働力率が高くなっている。さらに、離婚したり、夫に先立たれたりした女性の労働力率は、夫のいる女性のそれよりも高いことが、「就業構造基本調査」などに表れている。これらのことから、日本の女性は、夫の所得から完全に独立に働いているとはいえないようである。

他方、《多くの収入が期待される高学歴や資格を持つ妻ほど働きに出る》という見方もあったが、日本では長い間、大卒女性の労働力率が高卒女性のそれよりも低い傾向にあった。これは、アメリカやイギリスなどでは見られない現象であった。

しかし、一九七〇年代以降生まれの女性には、学歴が高いほど労働力率が高いという傾向が表れるようになっている。この世代の女性が大学を出た頃に、大卒女性を本格的に採用する企業が増えたものと考えられ

図5　女性の年齢階層別労働力率（1980年、1990年、2000年および2009年）

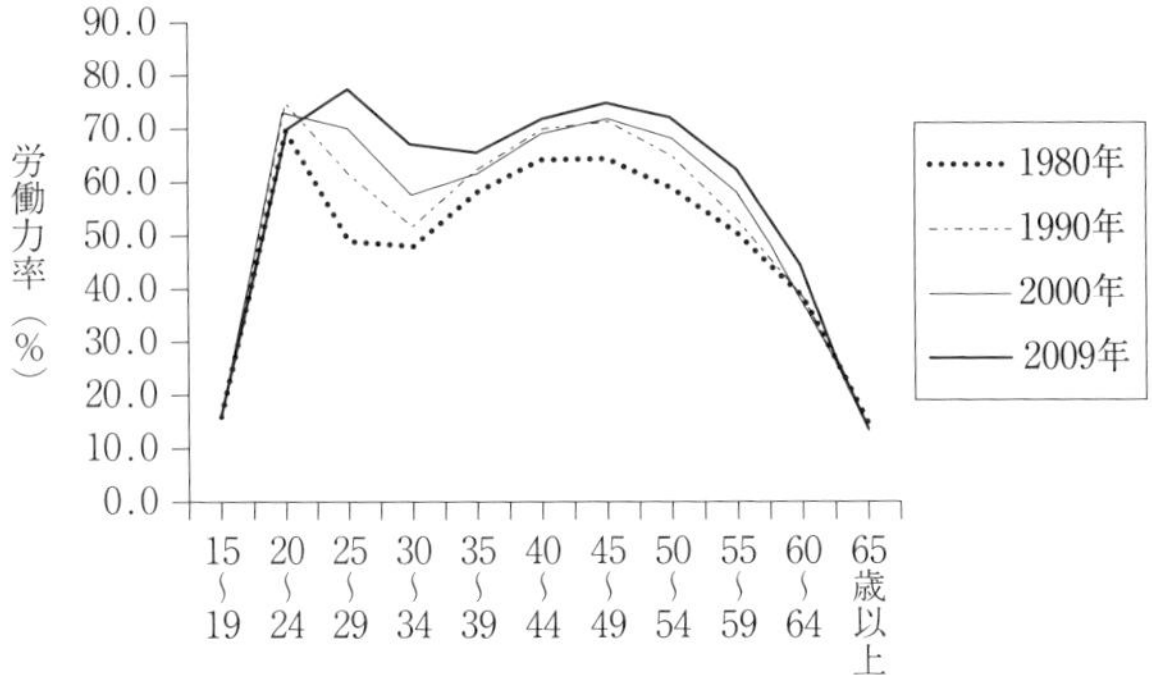

出所：総務省「労働力調査」長期時系列データ。

る。女性が大学で学ぶ内容や女性の就業意識も変わってきている。

3　変化するM字型雇用

M字型のくぼみが浅くなる傾向

女性の労働力率を年齢階層別にとって折れ線グラフを描くと、M字型になる。女性には結婚し、出産すると仕事をやめて育児に専念し、子どもが大きくなると再び就業する人が多く、そのために労働力率が結婚したり出産したりする人の多い年齢階層で落ち込み、M字型になる。

しかし、女性の年齢階層別労働力率も変化しつつある。図5を見ると、一九八〇年の折れ線では、二五〜二九歳および三〇〜三四歳で労働力率が低下するM字型が顕著である。「M字型のくぼみ」は一九九〇年、二〇〇〇年、二〇〇五年と時間がたつにつれ、浅くなってきている。

女性の就業と出産・育児

女性の労働力率のM字型がはっきりしなくなってきたのは、多くの女性が子どもを産んでからも働き続けられるようになったからであると思われがちである。しかし、そうではない。研究者たちがデータを分析した結果、女性の結婚年齢に幅ができたことや、結婚していない女性や結婚しても子どもがいない女性が増えたためであることが判明した。

女性の就業は、すべての国で少子化に結びついているわけではない（樋口・財務省財務総合政策研究所［2006］）。しかし、日本を含むいくつかの国では、女性の労働力率が高くなる一方で、働く女性が子どもを産まない傾向が表れている。

女性の労働供給が少子化に結び付かないようにするためには、どうしたらよいかを、多くの研究者が考えた。一九九〇年代以降、女性が仕事をしながらも出産・育児ができるようにするための方策を探る研究――とくにパネルデータを用いた統計解析――が行われた。これまでの研究で、育児休業制度を中心とする、仕事と育児の両立支援策や、都市部での保育所の整備によって、女性の継続就業は促されることが明らかになった（野口［2009］は、過去の多くの分析結果を整理している）。

他方、育児休業制度や保育所の整備が少子化の解決につながるかどうかについては、これまでの研究で、一致した結論は導かれていない。少子化には、高学歴化とそれにともなう晩婚・晩産化、結婚や家庭に関する人々の意識・モラルの変化など、さまざまな要因が絡んでいるのである。

また、女性の就業と育児の両立が難しくなっている背景には、保育所の不足だけではなく、企業の労働時間管理の問題もある。男性が企業で長時間働き、そのため育児休業をとることも、育児を手伝うこともできないような、企業での労働時間の現状が、実は女性の継続就業を阻む要因になり、また少子化にもつながっていると指摘されるようになった。

（8）　パネルデータ分析の基礎については、樋口・太田・新保［2006］参照。

Ⅵ　労働市場の基本的なしくみ――労働経済学の理論

1　労働経済学とは

labour economics

労働経済学という言葉は、英語の labour economics の訳語である。labour には、労働のほかに、（利潤追求の）生産活動、骨折り、労力、苦心、さらに出産などという意味がある。労働には「困難なこと」という意味が込められている。個人が自由に使いたい余暇時間を犠牲にして他人のために骨を折り、その報酬を受け取るのが労働の本質である。経済学の「労働」は、人々が個人の家庭で行う庭仕事や日曜大工、家庭料理などの仕事を含んでいない。

労働経済学は、「ミクロ経済学」の一つで、主として「市場均衡」と「主体的均衡」という概念にもとづいている。やさしくいえば、市場均衡と

ミクロ経済学
個々の家計や企業の行動の分析から始まって、全体としての市場および経済の分析に至る経済学の分野。

市場均衡
市場で需要と供給がつり合い、価格が成立すること。

主体的均衡
企業や個人が、一定の条件のもとで、それぞれの目的を最大限に実現していること。

所得
一時間あたりの賃金×労働時間。

余暇時間
労働経済学では、個人のもっている時間マイナス労働時間のこと。

は、需要と供給のつり合いであり、主体的均衡とは、個々人が与えられた条件のもとで最適な状態——ここでは余暇時間と所得の最適な組み合わせ——を選ぶことである。

労働経済学が扱う分野

まず、労働を供給する個々人は自分の効用（満足度）を最大化させるように、余暇時間（労働をしていない時間）と所得との組み合わせを決める。他方、労働需要側の企業は利潤が最大になるような雇用者数を決める。そして、労働供給と労働需要とのつり合いで、何人が雇われるか、そして労働の報酬である賃金はいくらになるかが決まる。

したがって、労働経済学は、個人にとっては働くことの経済学であり、企業にとっては人を雇うことの経済学である。ところが、個人には働かずに家事や育児に専念している人もいるし、他方、企業には一人も雇用していないところもある。このため、労働経済学は就業だけではなく、失業やその他、働いていない状態も扱う。

労働の需要と供給とのつり合い

人々が働いているのは、本人が就業の意思をもっているからである。

図６　利潤の極大化

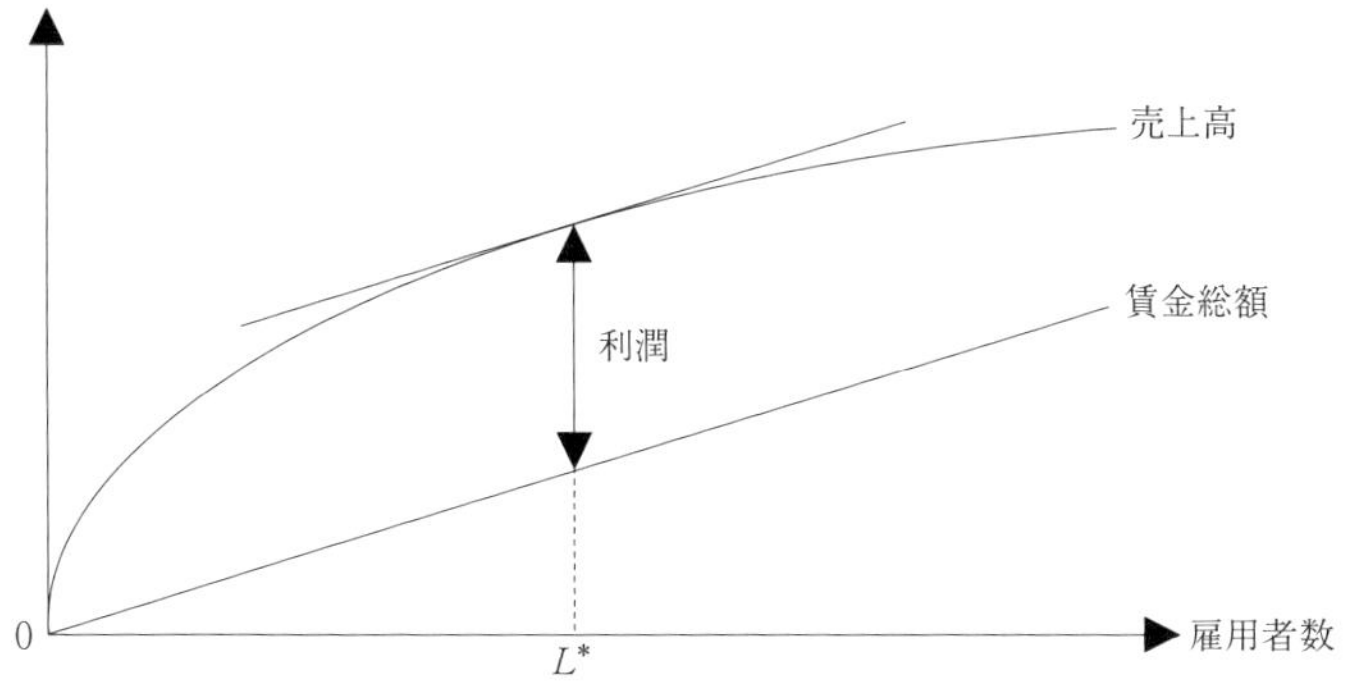

注：利潤が最大になるのは、賃金総額の直線と、売上高の曲線に対する、接線とが平行になるときである。

労働市場　人を雇用しようとする企業と、働きたい個人とが出会い、雇用と賃金が決まるしくみ。

それと同時に企業がその人の働きを求めているからでもある。

労働にも、商品やサービスの世界と同じように需要と供給とがあり、双方がつりあったところで何人雇われて働くか、そして賃金がいくらになるかが決まる。これは労働市場の原則である。

個々人が就業を決める（労働供給）と、企業が生産活動のために人間の労働力を求める（労働需要）とは、それぞれ異なった立場の人たちが決めている。そのため、両者はつり合わないこともある。

2　労働需要

企業が必要とする雇用者数

労働需要は、企業が生産活動のために必要とする雇用者の数である。労働需要は、企業の利潤が最も高くなるような水準に決まる。企業は、人を雇って、働いてもらうことで、より多くの生産を行うことができる。同時に賃金や賞与など、いろいろな費用（人件費）を支払わなければならない。企業は人を一人雇うことによる生産額の増加分と、人件費の増加分を比べ、前者が後者より大きければ、その人を雇う。

人を雇うことによる生産額の増分を、労働の限界価値生産力という。

図7　賃金上昇の効果

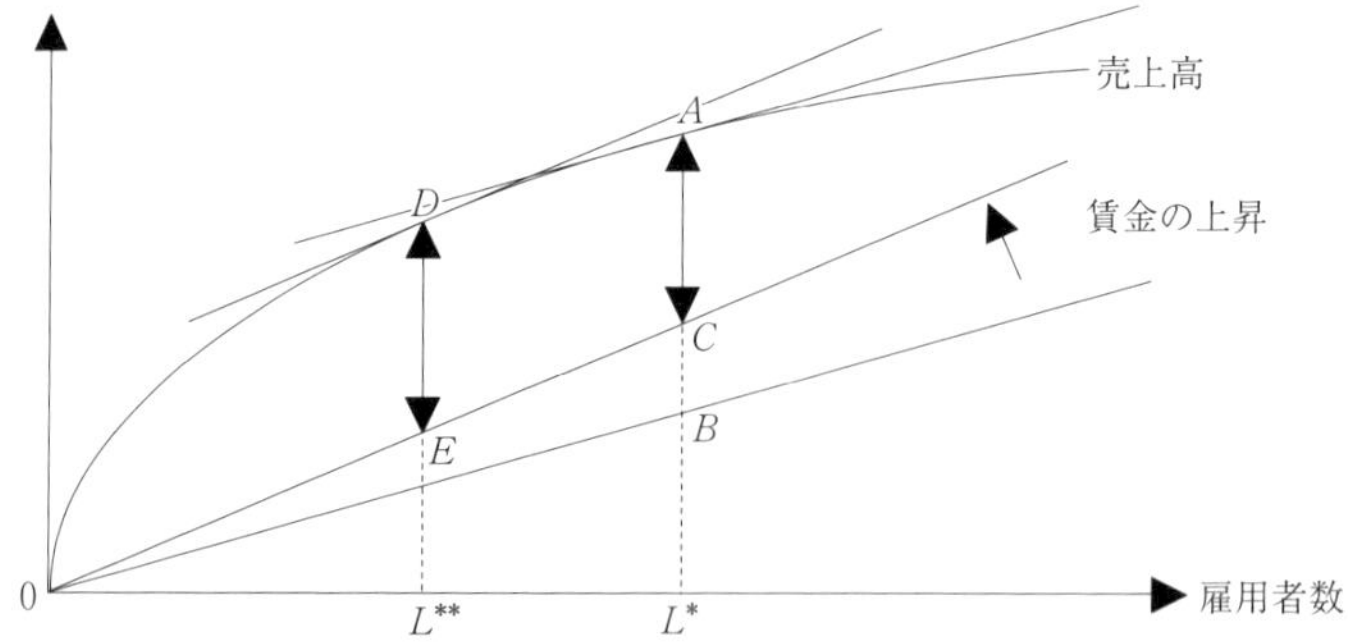

注：賃金が上昇する前は、雇用者数がL^*人のときに、利潤が最大（AB）になるので、企業はL^*人を雇う。ところが、賃金が上昇すると、雇用者がL^*人ではなく、L^{**}人のときに利潤が最大（DE）になるので、企業はL^{**}人を雇う。

労働の限界価値生産力は、雇用者の数が増えるほど低下していく。店員が一人しかいない大型小売店では客に応対しきれず、一時間に一〇〇〇円しか売れないが、店員が二人になると、急速に売り上げが伸び、一時間に二〇〇〇円になるかもしれない。しかし、売上高の伸びは、人数が増えるとかえって落ちていく。雇用者の数と売上高との関係は、図7のように、はじめは急で後になるほどゆるやかになる曲線を描く。このことを、労働の限界価値生産性の低下という。

最適な雇用者数

この小売店の一時間あたり賃金は、ある一時点では、「一時間八〇〇円」のように決まっている。そのため、雇用者の数と賃金総額との関係は、比例関係にあり、図6の「賃金総額」で示したように右上がりの直線で表される。

この小売店の利潤は、売上高から賃金の総額を引いた差額であり、売上高を表す曲線と賃金総額を表す直線との間の距離として表される。利潤が最大になるのは、売上高の増分（売上高を表す曲線の接線の傾き）と一時間あたりの賃金（直線の傾き）とが等しくなるときである。

ここで、一時間あたりの賃金が上昇すると、図7に示したように賃金

図8 労働需要曲線

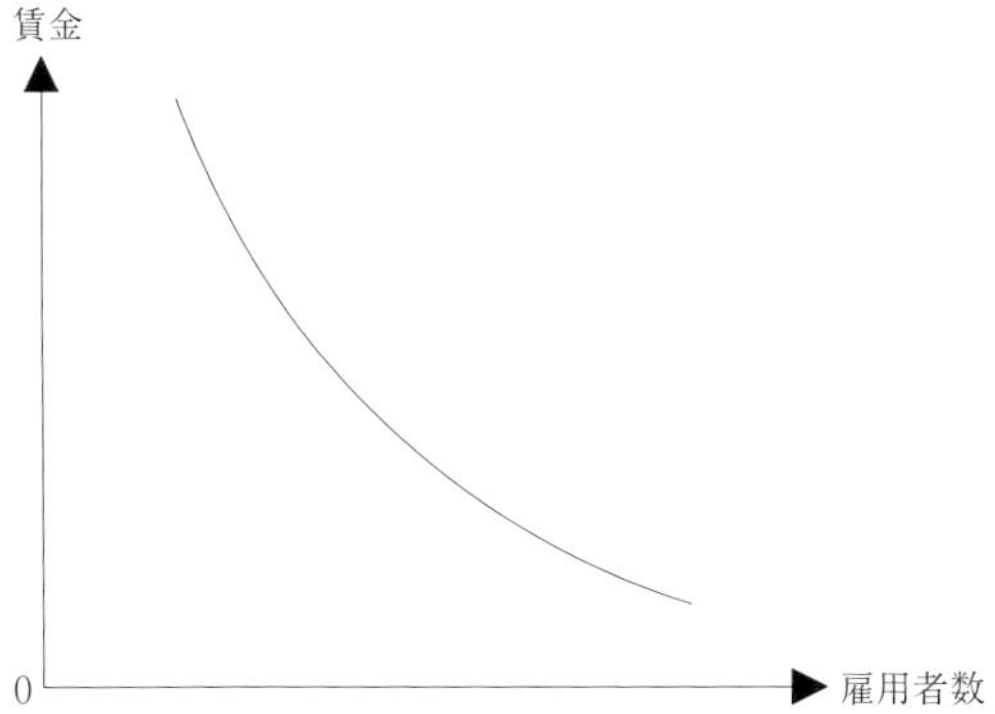

総額を表す直線の傾きは急になる。それにともなって、利潤が最大になるような雇用者数は、L^*からL^{**}へというように減少する。

一時間あたりの賃金が高くなるほど、企業の求める雇用者数が少なくなるために、労働需要曲線は右下がりになるのである（図8）。

生産量・技術・費用での変化

労働需要は、基本的には次の三つの要因によって変化する。

(1) 生産量による変化。企業は生産の多いときには、多くの人に働いてもらわなければならないが、景気が悪く、生産量が少なくなっているときには、多くの人手を必要としない。このようなことを、「労働需要は生産からの派生需要である」、という。

(2) 生産技術による変化。昔は人間が手作業でつくっていたものが、機械で自動的に生産されるようになると、労働需要は減少する。現在の日本ではコンピュータ、ロボット、その他さまざまな電子機器・設備が普及し、労働需要が減少している。

(3) 人件費と機械を導入する費用との比による変化。企業が人を雇うとその人の労働の対価として賃金やボーナスを支払い、社会保険料などの費用を負担しなければならない。他方、機械を購入したり、借りたりする費用がかかる。企業は人件費と機械・設備の費用とを比べ、どちらが高いかによって人を雇うか、それとも機械生産にするかを決定する。人件費が機械・設備の費用と比べて割高になると、人間労働を機械に置き換えるようになり、それによって労働需要は減少する。

3　労働供給

労働供給は働く意思

労働供給というのは、個々人が働くか働かないか、そして働くとしたら何時間働くかの意志決定と定義される。

それでは、個々人はどのようにして、働くか働かないかを決めているのであろうか。人は、所得と余暇時間から得られる効用をなるべく大きくしようと考える。働かない状態よりも働いている状態のほうが高い効用をもたらすと期待できれば働く。なお、余暇時間は、労働時間以外の時間という意味であり、家事や育児、介護などの家庭内での仕事や学生の勉強の時間を含んでいる。

働かなければ自分も家族も生活できない人たちにとっては、余暇時間が少なくなっても、働くことによって得られる効用は高い。他方、一定

図9 就業するか否かの選択

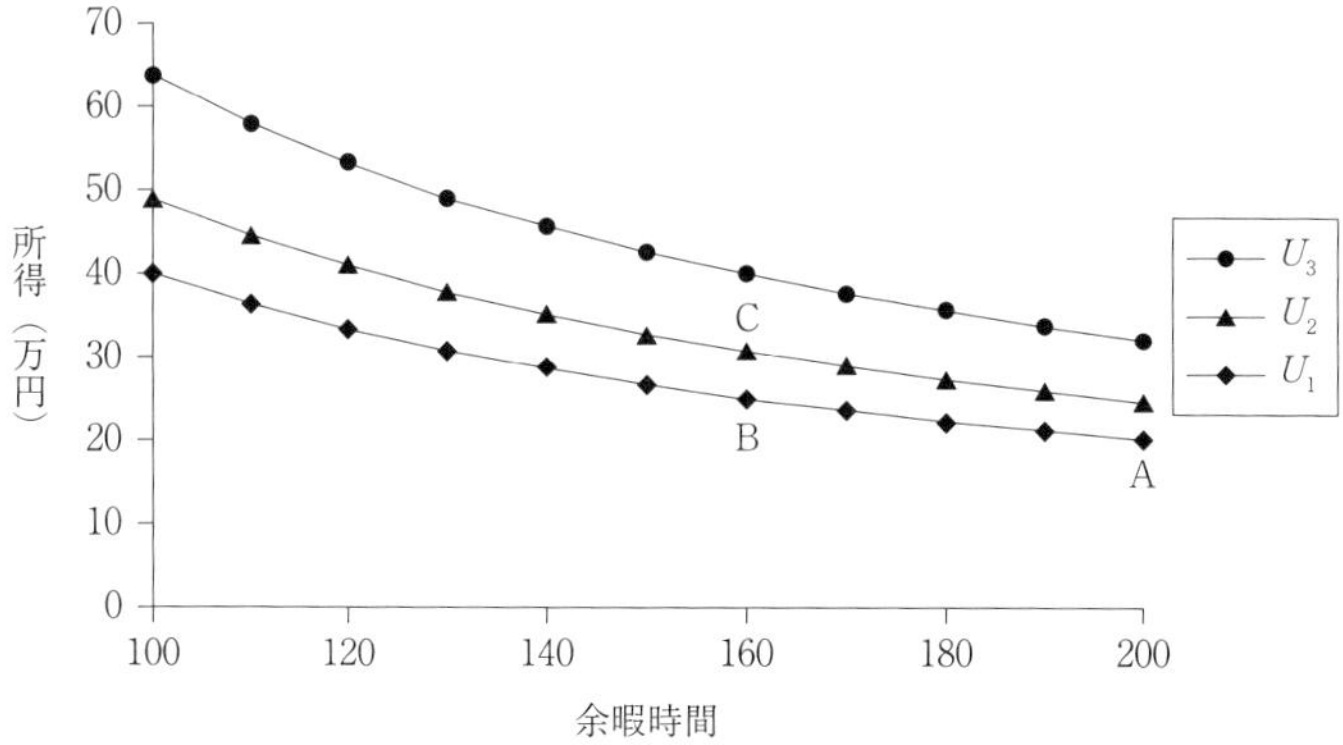

効用無差別曲線
所得を縦軸、余暇時間を横軸にとった平面上で、どこをとっても効用（満足度）は一定であるような組み合わせを表す曲線。

の非勤労所得（家賃収入や預金の利子、家族からの経済的支援など）を得ている人たちは、働けば必ず効用が高くなるとは限らない。たとえば、学生がアルバイトをすると、働いた時間に応じて収入は増加するが、仕事も勉強もしなければならず、友人との付き合いの時間などは失われるであろう。また、幼い子どもを育てている人たちは、共稼ぎをすれば収入が増えるが、子どもの世話をする時間が少なくなる。そのような人たちは、勤労所得と非勤労所得の合計所得と余暇時間（非労働時間）との組み合わせの中で一番都合のよいものを選ぶ。

所得と労働時間の組み合わせの選択

人々は、所得と労働時間の組み合わせをどのように選択するか。労働経済学では、通常、時間を横軸、所得を縦軸にとった二次元平面上の「効用無差別曲線」を見て考えてみる。まず、図9を見てみよう。

これは、ある人の効用を一定として、余暇時間と所得を組み合わせたものである。それによると、U_1という効用より、U_2がより高い効用を、U_3はさらに高い効用をもたらしている。

この人は現在まったく働かず、二〇〇時間を余暇時間として自由に使い、非勤労所得二〇万円を得ている。この人が、「四〇時間働くと報酬

図10　労働時間の選択

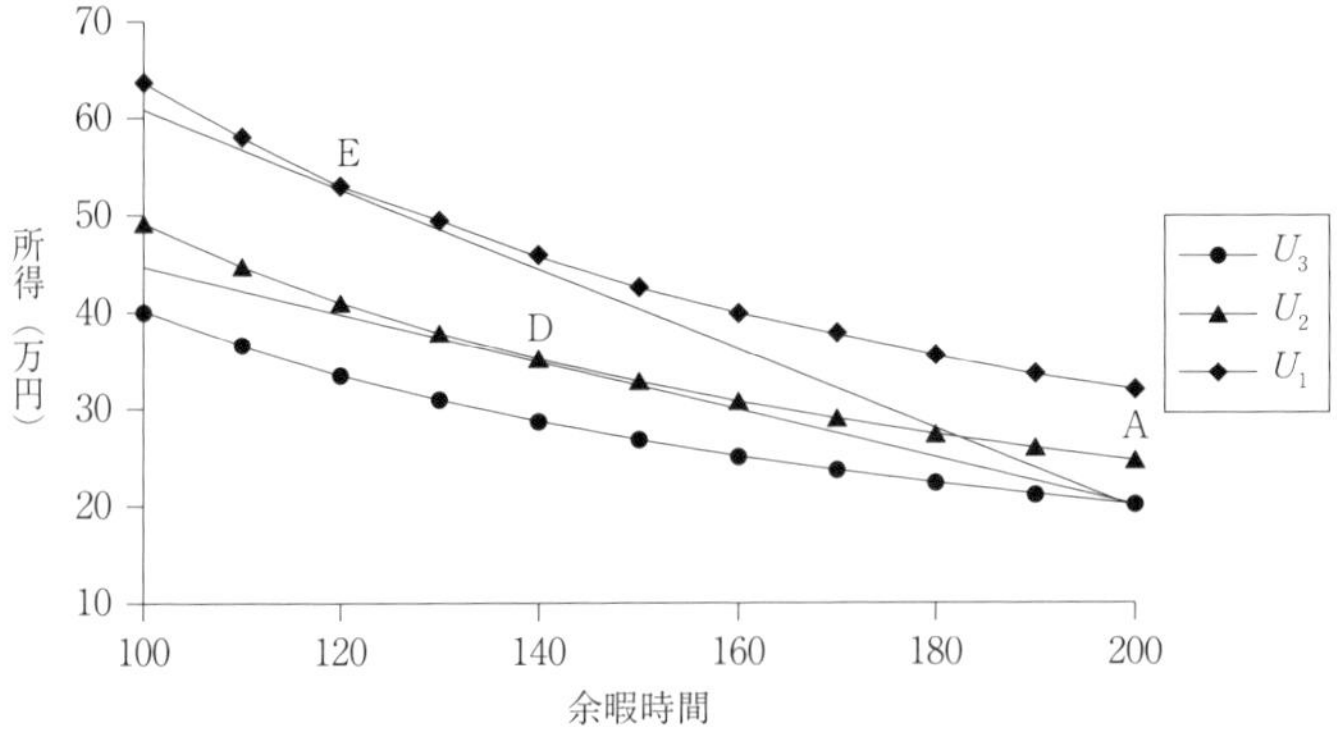

は五万円になる」仕事があることを知ったら、働きに行くであろうか。所得は新たな勤労所得と従来の非勤労所得との合計で5＋20＝25（万円）になるが、この人は働く気にならないかもしれない。なぜなら、この人にとって、（余暇時間、所得）＝A（200, 20）という組み合わせと（余暇時間、所得）＝B（160, 25）という組み合わせは、同じ無差別曲線の上にあり、効用は同じだから、あえて働くメリットはないからである。

他方、「四〇時間で報酬は一五万円」の仕事を知ったらどうであろうか。この仕事では、所得は20＋15＝35万円になり、余暇時間は一六〇時間になる。このとき、（余暇時間、所得）の組み合わせは図9のU_2線上のC（160, 35）に相当し、A点よりも高い効用をもたらすので、この人は仕事に就くことを決意する。

労働時間を自分で選べる場合

さて、個々人が就業を決めるときは、働くか働かないかと、何時間働くかを選択する。先の例は労働時間が四〇時間と決まっていたが、労働時間を自分で自由に選べるとしたら、どうであろうか。何時間働くかを決めるのは、時間あたり賃金である。人々は、一時間あたりの賃金が高くなれば、より長時間働くようになると考えられる。

所得制約線
個人が労働時間を自由に選べると仮定したとき、実現し得る、所得と労働時間との組み合せを表す直線。

図11　労働供給曲線

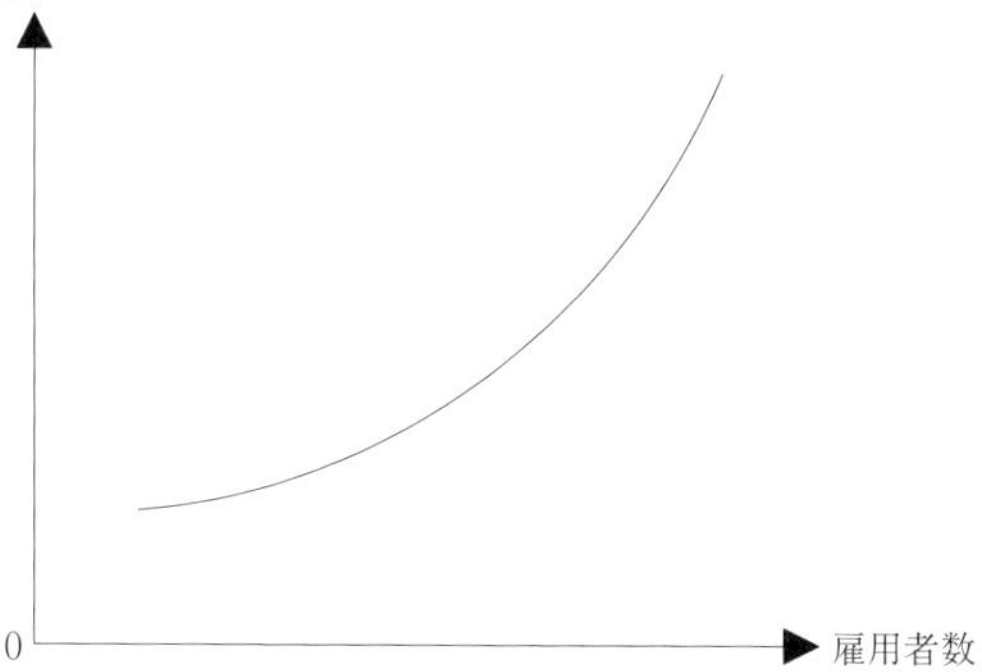

図10のように、余暇時間を横軸、所得を縦軸にとった平面上に描かれた、賃金と労働時間との関係を表すY_1とY_2の直線を、所得制約線と呼ぶ。それは、労働時間が長いほど所得が高くなることを表す直線で、所得・余暇平面に描くと右下がりの線になる。左へいくほど労働時間が長くなり、それに比例して所得が高くなり、反対に右へいくほど労働時間は短く、余暇時間は長くなって所得は低くなるからである。

二本の線はそれぞれ、非労働所得が二〇万円で、一時間あたりの賃金が二五〇〇円のときの所得制約線Y_1と、非勤労所得が二〇万円、一時間あたり賃金が四〇〇〇円のときのそれY_2を表している。

一時間あたり二五〇〇円の所得制約線と無差別曲線U_2との接点は、D点（140, 35）であり、一時間あたり四〇〇〇円の所得制約線と無差別曲線U_3との接点はE点（120, 52）である。E点はD点と比べると、労働時間が二〇時間長くなっている。

一般に、時間あたり賃金が高くなるほど、人々の望む労働時間も長くなり、働きたい人の数も増える。このことから、労働供給関数は図11のように右上がりの曲線になると考えられている。[9]

図12　賃金と雇用量の決定

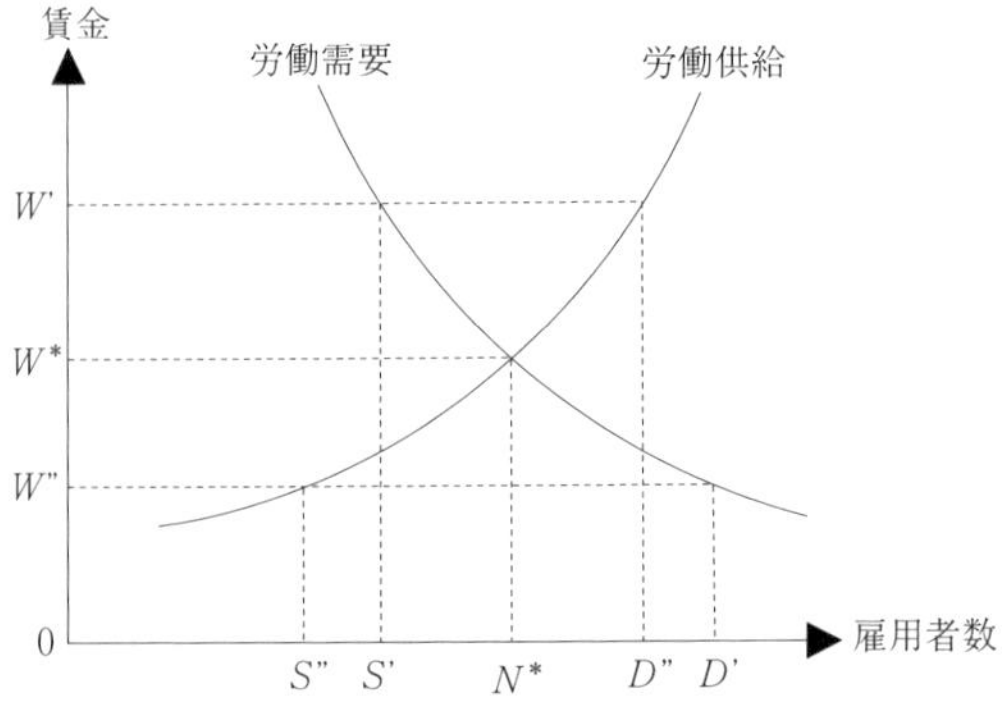

4　労働需要と労働供給とのつり合い

つりあいによる賃金の決定

このように、労働需要と労働供給とは、まったく異なる人たちによって、別々に形成され、そのつり合いによって、雇用量と賃金とが決まる。

図12を見てみよう。賃金をW'円とすると、労働供給が労働需要を上まわる。仕事につけない人が出るので、働きたい人はもう少し賃金の低い仕事を探さざるを得ない。他方、賃金がW''円になると、企業のもとめる人数D''が、働きたい人の数S''を上まわる。人手が足りなくなるので、企業は時間あたり賃金を上げなければならない。企業が少しずつ時間あたり賃金を上げ、働く者が希望する時間あたり賃金を下げていった結果、時間あたり賃金がW^*円のとき、労働需要と労働供給とがつり合う。このときに雇用される人数は人N^*人である。

均衡賃金
労働需要と労働供給とがつり合ったところで決まる賃金。

図13 労働需要の変化と賃金

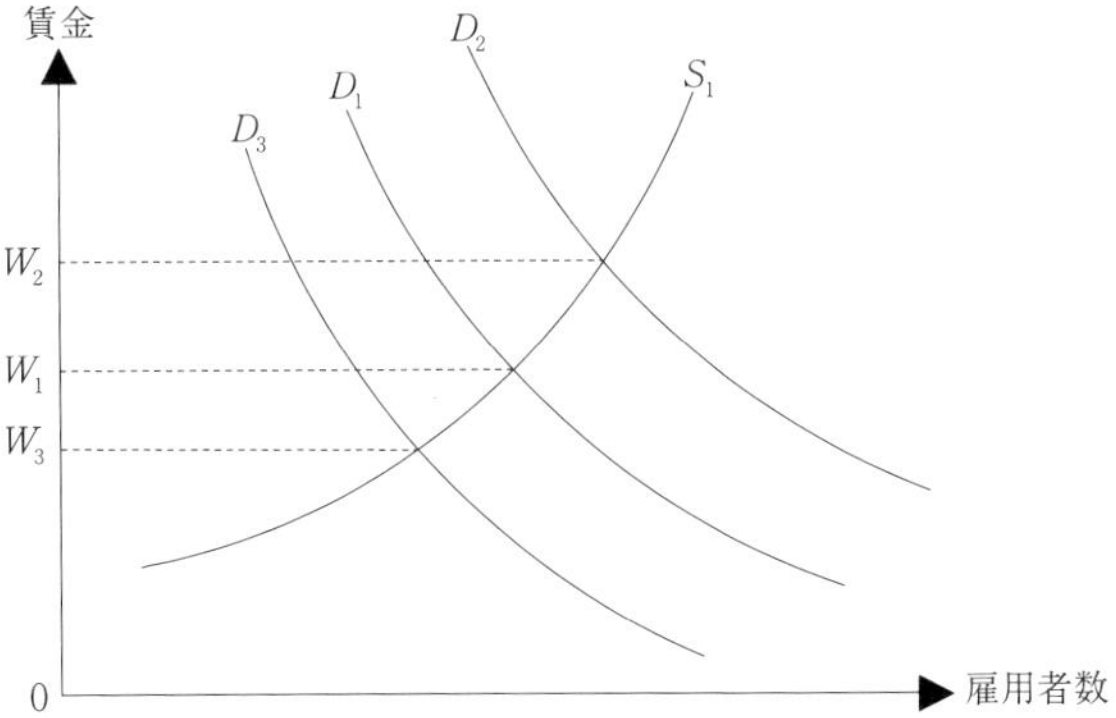

5 賃金

変化する均衡賃金

労働需要と労働供給とのつり合ったところで、雇用者数だけではなく、賃金も決まる。これを均衡賃金という。

労働需要と労働供給は、さまざまな要因によって変化し、それによって均衡賃金も変化する。

図13を見よう。労働需要曲線D_1と労働供給曲線S_1とが交わったところで、賃金がW_1に決まったとする。労働需要が増えると、労働需要曲線はD_2のように右へ移動し、反対に労働需要が減少すると、労働需要曲線はD_3へ左に移動する（縦軸と労働需要曲線との距離が、労働需要を表している）。D_2とS_1の交点で決まる賃金W_2は、もとのW_1より高い。反対に、D_3とS_1の交点で決まる賃金W_3はW_1より低い。つまり、労働需要が増大すると均衡賃金は上昇し、反対に労働需要が減少すると均衡賃金は低下するのである。

次に、労働供給が増加すると均衡賃金は低下し、反対に労働供給が減少すると均衡賃金は上昇することを示す。

図14　労働供給の変化と賃金

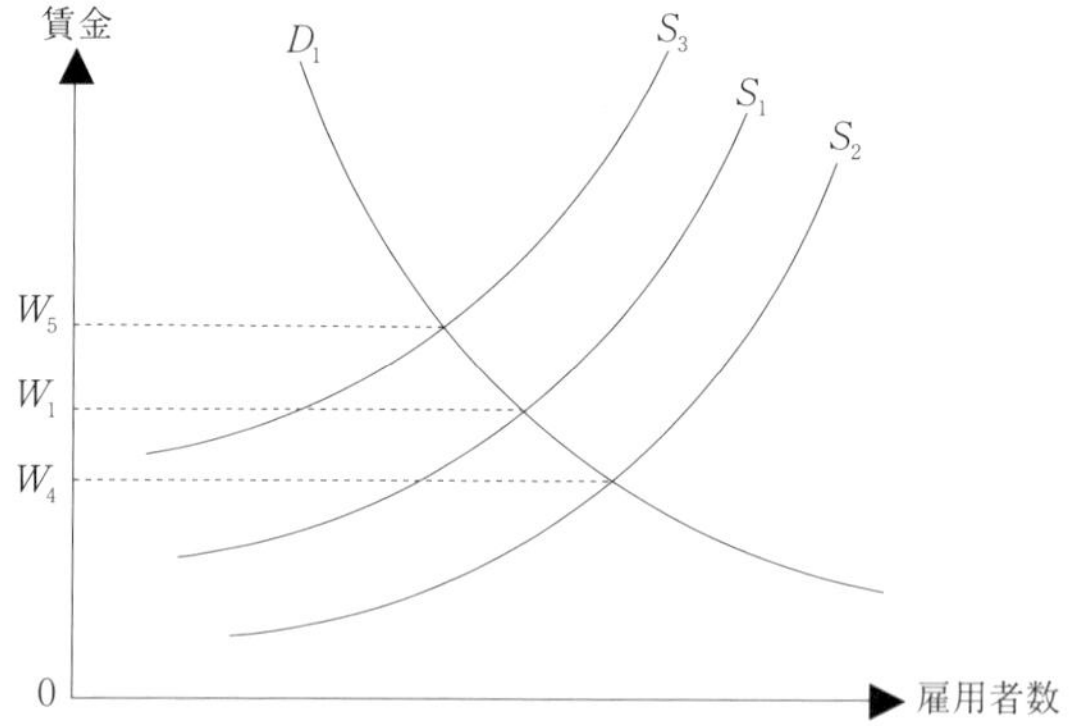

図14は、労働供給曲線S_1が労働供給の初めの状態を表している。労働供給が増大すると、労働供給曲線はS_2のように右へ移動し、労働供給が減少すると、労働供給曲線はS_3のように、左へ移動する。S_2とD_1との交点で決まる賃金W_4円は、W_1円より低い。反対に、S_3とD_1との交点で決まるW_5円は、W_1円より高い。つまり、労働供給が増大すると均衡賃金は低下し、反対に労働供給が減少すると均衡賃金は上昇する。

（9）一時間あたりの賃金が高くなればなるほど、無限に労働供給が増えるわけではない。人々は、一時間あたりの賃金がある水準よりも高くなると、逆に労働時間を短くし、余暇時間を長くしようとする（松繁［2008］第二章）。

結びにかえて

ここまで、労働経済学の基本的な考え方や、労働経済学の分野で問題になっていることなどを紹介した。

労働経済学の勉強には、まず用語の意味を覚えることが重要である。労働経済学の分野には、日常会話であまり使われていない用語や、印象とは違う定義をもつ用語もある。用語の定義をひとつ一つ確認することが重要である。

また、労働市場の現状に関する数字やそれらを使った図表になじむことも重要である。図表は、はじめは見慣れないかもしれないが、慣れてくると、わかりやすいと感じられるようになる。

労働経済学は、失業やフリーター問題、女性の就業や少子化など、現在の日本で進行しているさまざまな問題について考える、現実的な分野であることが、理解できたと思う。

労働経済学には、ここには紹介しきれなかった研究分野もある。特に、企業に正社員として採用された人たちがどのような教育・訓練を受け、どのような仕事を割り当てられ、どのような職業生活を送るのか、また、企業の中での男性と女性の職務はどのように異なるかなどといった、内部労働市場に関する話ができなかった。また、高齢者の就業や外国人の労働など、重要なテーマにも触れていない。それらについては、労働経済学に興味をもった人たちが、各種の文献・資料で調べることを期待している。

参考文献

太田總一・橘木俊詔（2004）『労働経済学入門』有斐閣
小尾恵一郎（1969A）「臨界核所得による勤労家計の労働供給の分析」『三田学会雑誌』第62巻第1号、一七～四五頁
小尾恵一郎（1969B）「家計の労働供給の一般図式について」『三田学会雑誌』第62巻第8号、一五〇～一六六頁
小尾恵一郎（1972）「家計の労働供給の一般理論について——供給確率と就業の型の決定機構——」『三田学会雑誌』第72巻6号、五九～八三頁
小杉礼子（2010）『若者と初期キャリア』勁草書房
駒村康平（2010）『最低所得保障』岩波書店
健康保険組合連合会（編）『社会保障年鑑　２００９』東洋経済新報社
清家篤（2002）『労働経済』東洋経済新報社
橘木俊詔（2006）『格差社会』岩波新書、岩波書店
辻村江太郎・佐々木孝男・中村厚史（1959）『景気変動と就業構造』経済企画庁経済研究所研究シリーズ　第二号
樋口美雄（2001）『雇用と失業の経済学』日本経済新聞社
樋口美雄・太田清・新保一成（2006）『入門　パネルデータによる経済分析』日本評論社
樋口美雄・財務省財務総合政策研究所（2006）『少子化日本の経済社会』日本評論社
野口晴子（2009）「女性の就労支援と児童福祉」宮島　洋・西村周三・京極高宣（編）『社会保障と経済　1企業と労働』東京大学出版会
古郡鞆子（1997）『非正規労働の経済分析』有斐閣ブックス、有斐閣
松繁寿和（2008）『労働経済』放送大学教育振興会
J・M・ケインズ／塩野谷祐一訳（1995）『雇用・利子および貨幣の一般理論』東洋経済新報社
日本労働研究機構（1996）『高卒者の初職キャリア形成と高校教育——初期職業経歴に関する追跡調査結果——』調査研究報告書No. 89（http://db.jil.go.jp/cgi-bin/jsk012?smode=dtldsp&detail=E2000013865&displayflg=1）

日本労働研究機構（1997）『新規高卒労働市場の変化と職業への移行の支援』調査研究報告書 No. 114（http://db.jil.go.jp/cgi-bin/jsk012?smode=dtldsp&detail=E2000013865&displayflg=1）

日本労働研究機構（2000）『フリーターの意識と実態――97人へのヒアリング結果より――』調査研究報告書 No. 136（http://db.jil.go.jp/cgi-bin/jsk012?smode=dtldsp&detail=E2000080003&displayflg=1）

労働政策研究・研修機構（2004A）「諸外国の若者就業支援政策の展開――ドイツとアメリカを中心に――」労働政策研究報告書 No. 1（http://www.jil.go.jp/institute/reports/2004/001.html）

労働政策研究・研修機構（2004B）「移行の危機にある若者の実像――無業・フリーターの若者へのインタビュー調査（中間報告）――」労働政策研究報告書 No. 6（http://www.jil.go.jp/institute/reports/2004/006.html）

労働政策研究・研修機構（2005）「若者就業支援の現状と課題――イギリスにおける支援の展開と日本の若者の実態分析から――」労働政策研究報告書 No. 35（http://www.jil.go.jp/institute/reports/2005/035.html）

労働政策研究・研修機構（2006）「大都市の若者の就業行動と移行過程――包括的な移行支援にむけて――」労働政策研究報告書 No. 72（http://www.jil.go.jp/institute/reports/2006/072htm）

労働政策研究・研修機構（2007）「若年者就職支援の取り組みと方向――支援モデルと望まれる支援者像――」労働政策研究報告書 No. 79（http://www.jil.go.jp/institute/reports/2007/079.htm）

労働政策研究・研修機構（2010）「非正規社員のキャリア形成――能力開発と正社員転換の実態――」労働政策研究報告書 No. 117（http://www.jil.go.jp/institute/reports/2010/0117.htm）

Goldin, Claudia（1995）“The U-shaped Female Labor Force Function in Economic Development and Economic History,” in T. P. Schultz, ed.（1995）, *Investment in Women's Human Capital and Economic Development*, pp. 61–90.

Goldin, Claudia（2006）“The Quiet Revolution that Transformed Women's Employment, Education and Family,” *American Economic Review, Papers and Proceedings* 96, pp. 1–21.

厚生労働省（2004）『労働経済の分析　平成一八年』

厚生労働省（2006）『賃金センサス　平成二〇年版』第四巻

厚生労働省（2010）『賃金センサス　平成二一年版』第一巻

総務省統計局（1960）『日本の人口——昭和三五年国勢調査の解説——』
総務省統計局（2007）『日本の就業構造　平成一九年』
総務省統計局（2008）『労働力調査年報（I　基本集計）平成二〇年』
総務省統計局（2009）『労働力調査年報（I　基本集計）平成二一年』
総務省統計局（2007）「労働力調査」（基本集計）平成二一年三月分　速報値
厚生労働省のホームページ（http://www.mhlw.go.jp/bunya/koyou/jakunensha.html）
総務省統計局のホームページ（http://www.stat.go.jp/）
総務省統計局「労働力調査」長期時系列統計（http://www.stat.go.jp/data/roudou/longtime/03roudou.htm）
労働政策研究・研修機構「人口減少社会における人事戦略と職業意識に関する調査　２００４」（東京大学社会科学研究所ＳＳＪＤＡ所蔵、http://ssjda.iss.u-tokyo.ac.jp/gaiyo/0522g.html）
米国労働統計局（Bureau of Labor Statistics）の統計表　Databases & Tables, Employment（http://www.bls.gov/data/#employment）

【著者紹介】

岸　智子（きし・ともこ）

1981年、東京大学卒業。1990年、慶應義塾大学大学院経済学研究科博士課程修了。
経済学博士（京都大学）。専攻：労働経済学。
ライフデザイン研究所研究員、大妻女子大学短期大学部助教授、大妻女子大学社会情報学部助教授、南山大学経済学部助教授を経て、2005年より南山大学経済学部教授。

〈主著〉

Structural Changes in the Japanese Labor Market in the 1990s, 2003, Maruzen.
清家篤・山田篤裕・駒村康平（編著）(2009)『労働経済学の新展開』慶應義塾大学出版会、第4章。
Jenny Corbett, Anne Daly, Hisakazu Matsushige and Dehne Taylor (eds.) (2009) *Laggards and Leaders in Labour Market Reform*, Routledge（共著）.
Noel Gaston and Ahmed Khalid (eds.) (2010) *Globalization and Economic Integration*, Edward Elgar（共著）.

〈21世紀南山の経済学①〉

就職・失業・男女差別――いま、何が起こっているか

2010年10月5日　第1刷発行　定価（本体700円＋税）

著　者　岸　智　子
発行者　栗　原　哲　也

発行所　株式会社　日本経済評論社
〒101-0051　東京都千代田区神田神保町3-2
電話　03-3230-1661　FAX　03-3265-2993
info@nikkeihyo.co.jp
URL：http://www.nikkeihyo.co.jp

装幀＊山本耕一　印刷＊文昇堂・製本＊根本製本

乱丁・落丁本はお取替えいたします。　Printed in Japan
ISBN978-4-8188-2135-4

〈21世紀南山の経済学〉は、南山大学経済学部創設50周年を記念して、2010年より経済学部教員が順次執筆し、シリーズとして刊行するものである。出版にあたって、日本経済評論社の御協力をいただいたことに感謝する。

南山大学経済学部・経済学会